ぽんちよ式

新時代の最強のお金の増やし方

投資系YouTuber ぽんちよ

新NISAから不動産クラファンまで

ぱる出版

はじめに

どうも、こんにちは。

ぽんちよです。


皆さんは、自分の「お金」に満足していますか？

内閣府が令和４年10月に調査した「国民生活に関する世論調査」によれば、今の自分の資産や貯蓄に不満だと答えた人は70・２％にのぼるそうです。特に30代と50代の方は、約80％近くの方が不満を覚えています。

また、今の収入に不満だと答えた人は64・８％。

つまり、多くの方が「今の収入では十分ではない」「貯蓄も十分とは言えない」と感じているということです。

実際、日本では収入が30年間上がっていないとも言われている一方で、物価はどんどん高騰、しかも増税……と、支出は増えるばかり。つまり、使えるお金はどんどん減っているというわけです。

加えて金融機関の超低金利。銀行の普通預金に預けても、金利は0・02％ですから、普通に預けているだけでは、お金が増えることはまず期待できません。

●これからは自分のお金は自分でつくり上げる

かつては「老後2000万円問題」とも言われました。退職後に夫婦で生活した場合、月々5万5000円、年間で約66万円の赤字になる。30年間では約2000万円が不足するので、その赤字分を貯蓄で補う必要がある、と金融庁が発表したのです。今は「いや、2000万円では足りない。4000万円は必要だ」という声もあります。

これだけ聞くと、なんだか未来が見えなくて暗くなってしまいますね。

でも、大丈夫です。やり方次第でお金は増やすことができます。

老後2000万円問題に触発されて資産活用

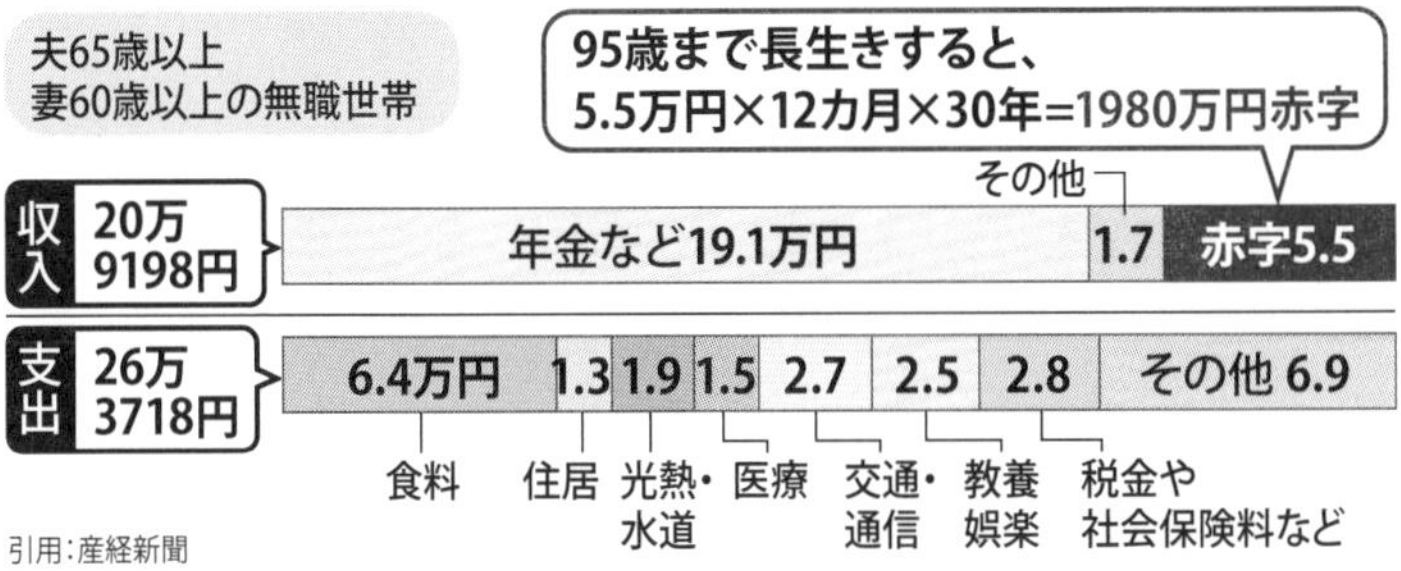

引用：産経新聞

かつては、預けてさえおけば自然とお金が増えてくる時代もあったかもしれません。

でも、これからは自分のお金は自分でつくり上げていく時代です。

では、これらのお金は、どのようにして増やせばいいでしょう。

2024年からの資産形成は、新NISAなどを活用した「投資」と、資産形成のもととなる入金力を高めるための「副業」だと思っています。

「でも、投資ってリスクがあるんでしょ？」

そう思う方もいらっしゃるかもしれませんね。

でも、今は**「リスクを取らないこともリスク」**なのです。

●何もしないとお金はどんどん減っていく

日銀では、毎年２％のインフレを目指しています。毎年２％ずつ物価が上がる経済状態が景気が順調な状態だと考えているからです。

インフレとはモノの値段が上がり、お金の価値が下がっていくこと。つまり、毎年２％ずつ、現金の価値が低下していくというわけです。

たとえば、１０００万円の現金を持っていたとすると、翌年にはその価値は９８０万円分に下がってしまいます。３年目には９６０万円分、５年目には９０４万円分……と円の価値は下がり続け、10年後には８１７万円分、20年後には６６８万円分、30年後には約半分の５４５万円分の価値しかなくなってしまうのです。このように、何もしないで現金を置いておくと、お金の価値はどんどん減少してしまうのです。これもまたリスクですよね。

つまり、お金の価値を維持させながら保有するためには、少なくとも２％以上の金利で回していく必要があるのです！

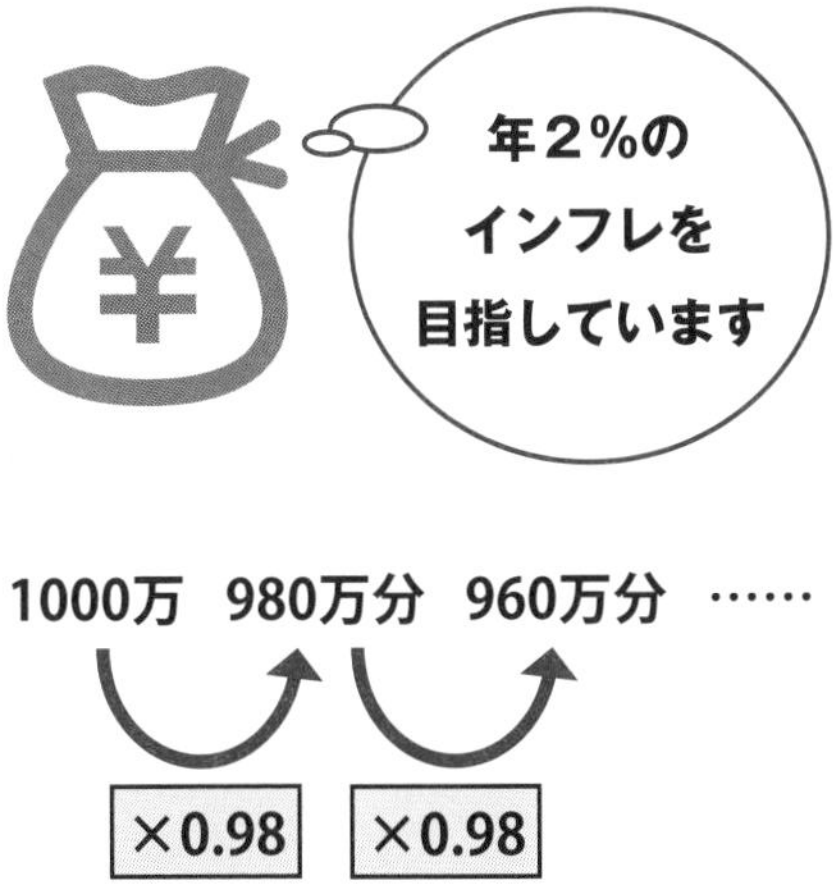

年数	1000万円の価値
0年	1000万円
1年	980万円分
5年	904万円分
10年	817万円分
20年	668万円分
30年	545万円分

……と、ここまでお金について熱く語ってしまいましたが、実はかつての私はお金にはまったく興味を持っていませんでした。

ここで、ちょっと私、ぽんちよの話をさせていただきますね。

私は現在、「投資系 YouTuber」として、投資やお金に関する情報を日々発信しています。今では、主に投資と副業によって、資産1億円以上保有することができています。

以前は、年収350万円ほどの会社員で、お金には関心を持っていなかったので投資などもちろんやっていませんでした。

ところが社会人になって半年経った頃、ある転機が訪れたのです。

仕事で、同じ部署の人たちの残業手当を打ち込む作業をすることになり、そこで「上司のお給料事情」を知ってしまったのです。そこで感じた率直な意見は、「そうか……50歳になっても、給料はそれほど増えないのか」でした。そして、「こんな調子で、将来やっていけるのかな……」というお金に対する不安と「いくら仕事をしてもお給料が増えないなんて……」という不満にも似た気持ちが生まれてきたのです。


そんな気持ち（愚痴？）を、あるとき親友に打ち明けたところ、「だったら、投資をはじめてみたら？」とひと言。親友はすでに投資をはじめていたのです。「でも……投資って、なんか怖いものなんじゃない？」と最初は思っていた私ですが、話を聞くうちにだんだんとその気になり、その1時間後にはネット証券の口座を開設していました(笑)。そして、「資産5000万円貯めたらＦＩＲＥ（経済的自立による早期リタイヤ）するぞ！」という目標を立てたのです。

その後、お金に関する知識をいろいろと勉強し、資金力が必要だということを知って、副業を行うことにしました。まずはブログ、それからYouTubeでの動画配信をはじめたのです。

当初の予定では、２０３３年、私が39歳のときにＦＩＲＥできる計算でした。ところが、うれしい誤算が起こりました。投資だけでなく副業も同時並行に進めていった結果、**10年も前倒しして29歳にしてＦＩＲＥするまでに資産を形成することができたのです。**そして、新入社員の頃に覚えていた、将来のお金に対する不安はこのころにはほとんど消えていました。

３０００万円、５０００万円、1億円……と聞くと、手の届かない金額のように思えるかもしれません。ですが、お金を貯めることはそれほど難しいことではないのです。

お金に対する興味ゼロ、知識ゼロからはじめた私でもこうして1億円以上の資産を持つことができたのですから。お金に興味を持ち、今こうしてこの本を手に取ったあなたなら、きっとできるはずです。

・将来のお金が不安
・お金の貯め方、増やし方がわからない
・投資をはじめたいけれど、何からやればいい？
・副業はどのようにやればいい？

と思っている方には、特にお読みいただければと思います。

これからの生活に困らないためのお金の増やし方をご紹介します。これらはどれも私が実際に試したことばかりです。

本書では、前半は「投資」についてお話ししていきます。具体的には、「新ＮＩＳＡ」について、投資の初心者にぜひ知ってほしい投資のちょっとしたコツやワザをご紹介します。また、新ＮＩＳＡでおすすめの商品についても具体的に挙げています。

また、投資信託以外の、比較的新しい投資術についても触れています。

後半は「副業」について、自分に合った副業の見つけ方や収入アップの方法についてご紹介しています。また、稼ぎをしっかりキープするための節税術についてもお話ししたいと思います。

お金が増えると、その分、将来への安心感は格段に増えます。
お金が増えていく楽しみを、私と一緒に味わいましょう!

『ぽんちょ式　新時代の最強のお金の増やし方』

第1章　新NISAを活用した資産形成は？

第2章

投資初心者が使うべき投資のコツ・ワザ

第3章

新NISAではこれを買え！タイプ別戦略・おすすめ商品

第4章　投資信託・ETF以外の投資戦略

第5章 新時代の投資術！

第6章　副業でのお金の増やし方

第7章 稼いだお金を失うな！お得&節税戦略

編集協力：柴田恵理

第1章

新NISAを活用した資産形成は？

新NISAの仕組みを解説

2024年からのお金の増やし方は、新NISAと副業がカギになると私は思っています。まずは、そのうちのひとつ「新NISA」について詳しくお話しします。

ところで、「新NISA」って何でしょう？　なんとなく名前を聞いたことがあるという方は多いかもしれません。

NISAというのは、個人の資産運用を後押しするために、国がつくった税制優遇制度です。イギリスのISA（Indivisual Savings Account・「個人貯蓄口座」の意味）をモデルにしたもので2014年に開始されました。日本(Nippon)版のISAだから「NISA」というわけですね。

NISA口座はその年の1月1日時点で18歳以上、かつ日本に住所がある人なら、いつでも開設できます。

ただし、ここで注意してほしいことがあります。それは、NISA口座はひとり1口座までしか持てないことです。複数の金融機関に開設することはできないので、口座を開設する前に金融機関選びはしっかり行いましょう。

●つみたて投資枠と成長投資枠

新NISAは2024年に改正されました。

大きく分けて**「つみたて投資枠」**と**「成長投資枠」**のふたつに分かれます。

①つみたて投資枠

「つみたて投資枠」は、その名の通り、積立投資信託を扱う枠で、年間120万円まで積み立てることができます。保有限度額は一生涯を通じて「成長投資枠」と合わせて1800万円まで非課税です。この金額は、自分が積立に支払った金額。なので、そこか

2024年から新NISA！

	つみたて投資枠（併用可）	成長投資枠
年間投資枠	120万円	240万円
非課税保有期間	無期限化	無期限化
非課税保有限度額（総枠）	1,800万円 ※簿価残高方式で管理（枠の再利用が可能）	
		1,200万円（内数）
口座開設期間	恒久化	恒久化
投資対象商品	長期の積立・分散投資に適した一定の投資信託 〔現行のつみたてNISA対象商品と同様〕	上場株式・投資信託等 〔①整理・監理銘柄②信託期間20年未満、毎月分配型の投資信託及びデリバティブ取引を用いた一定の投資信託等を除外〕
対象年齢	18歳以上	18歳以上
現行制度との関係	2023年末までに現行の一般NISA及びつみたてNISA制度において投資した商品は、新しい制度の外枠で現行制度における非課税措置を適用	

らの利益分はカウントされません。

　また、たとえ積立限度額の１８００万円を超えたとしても、一部を売却して限度金額内におさめれば、翌年から再利用することが可能です。

②成長投資枠

「成長投資枠」では、積立投資信託のほかに、国内株式、海外株式やＥＴＦ、ＲＥＩＴなどの商品を選ぶことができます（各商品については後述します）。つまり、選択肢の幅が広がるというわけですね。成長投資枠での年間投資額は２４０万円まで。月単位だと月20万円投資できる計算になります。保有限度額は総額１８００万円のうち、

1200万円までが非課税になります。

つまり、つみたて投資枠、成長投資枠の両方合わせて、年間360万円まで投資することが可能というわけです。これまではつみたてNISA年間40万円、もしくは一般NISA年間120万円のどちらかしか利用できなかったので、かなり運用できる金額が増えましたよね。

大きく差がつく「非課税投資」とは？

新NISAの一番大きなメリットは、なんといっても**「非課税投資」**ができるという点です。

通常、株式や投資信託の配当金、分配金などの利益に対して、約20％（正確には20・315％）の税金がかかります。ですが、新NISAの場合、利益は税金を引かれることなく、まるまる全部受け取ることができるのです。

●たとえば……100万円の利益があったとき

たとえば、投資で100万円の利益を得てそれを売却した場合、通常だと約20万円（正確には20万3150円）の税金がかかります。このため、受け取れる金額は79万6850円になります。

しかし、新NISAの場合には、100万円の利益を得て、それを売却した場合、まるまる100万円分を受け取れます。投資金額が大きくなり、利益が大きくなればなるほど、この課税か非課税か？による差は大きくなります。非課税になるのは大きなメリットですよね。

●非課税期間は無期限に

これまで非課税になる期間は限定されていましたが、新NISAでは非課税期間は無期限になりました。だから、預入期間を気にする必要はありません。この制度が廃止されたり、改正されたりすることがない限り、限度額までは半永久的に非課税で保有することが可能というわけです。

貯金との差：投資でどのくらいのお金が増える？

「でも、投資はリスクもあるというし、ちょっと怖いな」と思う人もいるかもしれません。「貯金のほうが、リスクも少なくて安心で確実なのでは？」と考える人もいるでしょう。

では、毎月貯金をした場合と、投資をした場合で、貯まる金額にどのくらい差があるのかを見てみましょう。

金融庁の「資産運用シミュレーション」を利用すると、簡単に計算できます。

https://www.fsa.go.jp/policy/nisa2/moneyplan_sim/index.html

●普通預金……10年間で利益は、5954円

今、銀行の普通預金の利率は0・02％です。

毎月5万円ずつ貯金をしていった場合、年間60万円ですね。

普通預金に預けた場合、1年間で60万55円になります。つまり、利益は55円……。

5年間だと、300万1475円、10年間で600万5954円です。

10年間で利益はいくらか？　というと、5954円です。かつては、普通預金で金利が4％という時代もあり、普通預金にお金を預けておけば利子で生活できる人もいましたが、10年間で5954円では生活できるどころか、生活の足しにもならないですよね。

では、月5万円投資をして、利回り5％で運用した場合はどうでしょう？

1年間では61万3943円。つまり、利益は1万3943円ですが、5年間では340万3304円になりますから、利益は40万3304円。さらに、10年間では776万4114円、利益は176万4114円です。

176万円あれば、かなり生活の支えになるのではないでしょうか。

●普通預金VS積立投信①――3000万円貯めるには月いくら？

では、普通預金（年利0・02％）で20年間に老後資金3000万円を準備するためには、毎月いくら預ければいいでしょう。

正解は……毎月12・5万円必要になります。月10万円以上捻出するのは、なかなか大変ですよね。

一方、年利5％の積立投信をすると、毎月7・4万円で20年間に3000万円貯めることができます。

このように、普通預金を利用する場合と積立投信を使う場合では、毎月積立ないといけない金額が実に月5万円以上も変わってくるのです。

●普通預金VS積立投信②――月12・5万円預けると20年間ではいくらに？

ちょっと見方を変えてみましょう。

20年間、毎月12・5万円を普通預金に預けると、3000万円になりますね。

では、同じ条件で、毎月12・5万円を年利5％の積立投信で運用するといくらになるでしょう。

正解は……

5100万円（5137・9万円）です！

同じ金額を預けたとき、20年間では2000万円もの差が開いてしまうのです。

言い方を変えると、普通預金を20年間続けてきた人は、**本来ならば2000万円もらえ**

るチャンスを逃した、とも言えますよね。

「でも、投資って株が暴落すると、3000万円になるはずが2800万円になることもあるよね。自分がせっかく長い間貯めてきたお金が元本割れしてしまうのは損じゃない？　だったら、少しでも確実なほうがいいかも」

と考える方もいるかもしれません。

ですが、こう考えてみるとどうでしょう？

先にもちょっとお話ししましたが、毎月12・5万円を投資していたら20年後に5000万円になっていた可能性が高いのです。なのに、普通預金に預けていたために3000万円しか貯めることができませんでした。

実は、これも十分「2000万円の損失」ということにはならないでしょうか？

人はつい、株や投資で損をすることには敏感になりがちです。一方で、何もしないことによる損失については考えないことが多いのです。

冒頭でも少しお話ししましたが、**今は、何もしないこともまたリスクになる時代。**

であれば、どちらがよりいいか、考えてみてくださいね。

放っておくだけで1億円?

先ほど、非課税の入金額の上限は1800万円までというお話しをしました。この「1800万円」というのは、あくまでも**「自分が預けた分」**です。毎月5万円ずつ預けたら30年間、毎月10万円ずつ預けたら15年で1800万円になりますね。そこから得られた利益は1800万円の中にはカウントされません。

つまり、新NISAに1800万円を投資し、トータルで1億稼いでも2億稼いでも非課税、というわけなのです。

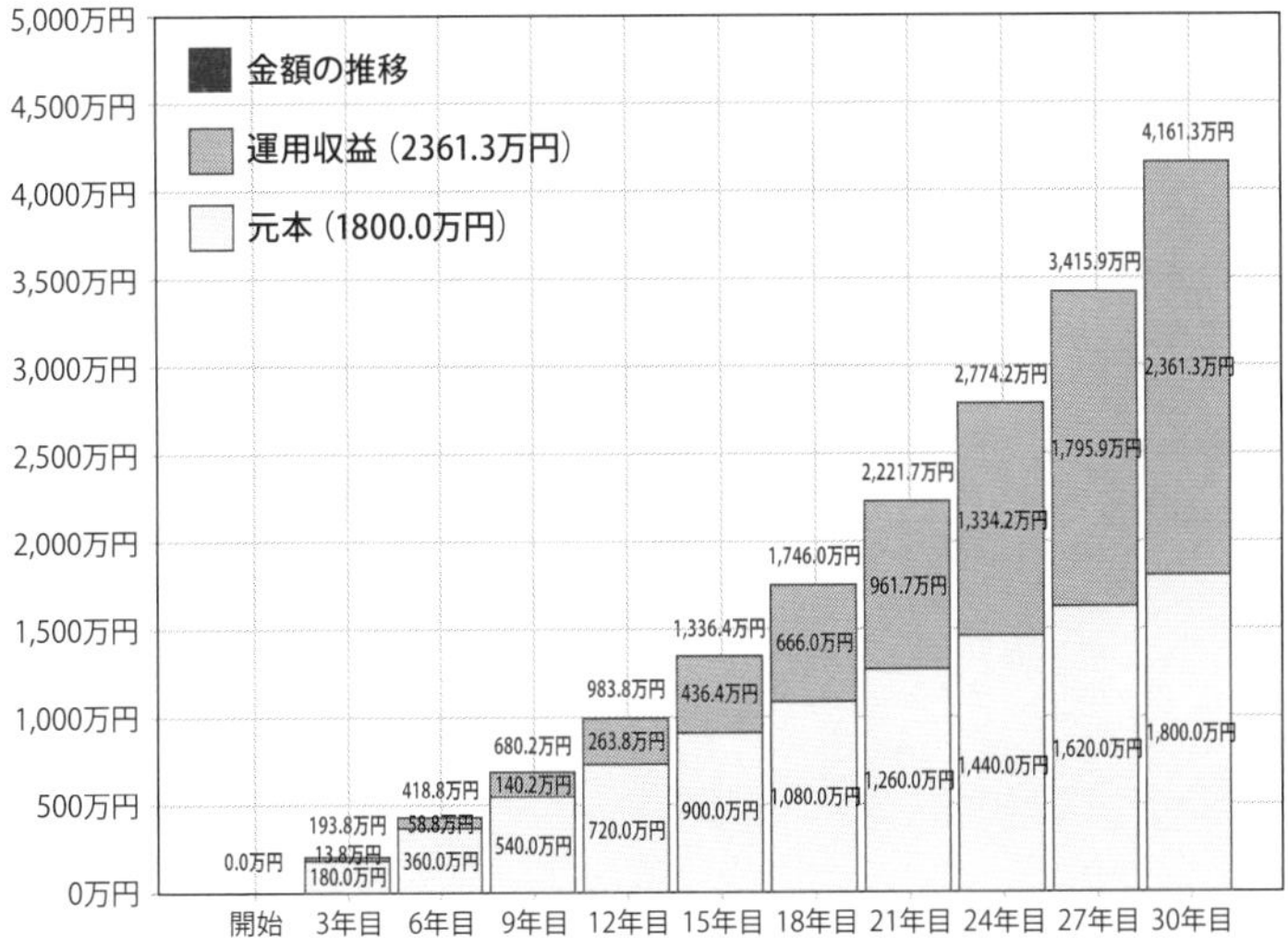

●15年で1800万円、何年で3000万円？

そして、この1800万円をそのまま証券口座に置いておいて、1・66倍で3000万円、2・77倍になれば5000万円、5・55倍になったらなんと1億円です。

夢の「億《おく》り人《びと》」「億女」になれるというわけです。

もちろん、先に書いたように、月々の投資額が多ければ多いほど、複利の力が働いて早く、そしてどんどん大きく増えていきます。

基本的に、インデックス投資の平均年利は、3〜7%と言われています。

たとえば、非課税の入金額の上限である1800万円の枠をすべて使い切ったあと、放置した場合、どのくらいで3000万円、5000万円、1億円になるでしょう？

利回り5%で、毎月10万円で積み立てた場合、15年後には1800万円の枠を使い切り、その時の資産額は2673万円になります。このため、その後は追加投資をしなくても、約2年4カ月で3000万円に到達する計算です。

同じように、15年間で1800万円に達したあとは、12年10カ月そのまま置いておくと、5000万円です。

毎月、継続的に積み立てたら、あとはお金にしっかりと働いてもらいましょう。放っておくだけで、雪だるま式に資産は大きく育っていくのです。

新NISAをはじめたい!!

新NISA、どうやってはじめる？

では、新NISAをはじめたい！　と思ったら、何からやればいいでしょうか。

●まずは、証券口座を

まず、投資をはじめるには今お持ちの銀行などの金融機関の口座のほかに、「証券口座」が必要です。銀行などでは、現金しか扱えないからです。証券口座では、現金のほか、株や投資信託商品を扱うことができます。

証券口座では、普通口座と新ＮＩＳＡ口座を開設しましょう。ちなみに、普通口座は課税対象になります。

普通口座には自分で確定申告を行う「一般口座」と、自動で税金を計算して、納税（源泉徴収）してくれる「特定口座」があります。毎年自分で確定申告を行うという場合でなければ、源泉徴収ありの「特定口座」のほうが楽なのでおすすめです。

おすすめの証券会社については、次章でご紹介します。

また、楽天証券、ＳＢＩ証券の開設の仕方についての動画は、左側のＱＲコードから読み込んでください。

楽天証券　https://www.youtube.com/watch?v=TeJtdF1q8Dw

ＳＢＩ証券　https://youtu.be/MNZS9nOZQVk

楽天証券の開設の仕方

ＳＢＩ証券の開設の仕方

新NISAって、本当にいいの？

新聞やYouTubeの動画などを見ていると、「新NISAはやらないほうがいい！」というような内容の記事を見かけることがあります。

否定的な意見の方の理由を見ていると、「損益通算や損失の繰越控除ができない」という点を挙げている場合があります。

●長期で損失が出ない商品を選べば問題なし

損益通算というのは、その年の利益と損失を合算してから税額を計算すること。NISA口座は、非課税のため利益も損失もなかったことになり、「他の口座との損益通算や、損失を翌年度に繰り越すことができない」ということ。損失が出ても節税ができない、ということです。たしかにそのようなきまりはあります。ですが、長期で損失が出ないような、確実性の高い投資を行えばいいのです。そのような商品を選んで長期運用を行えば、損を繰り返すようなことはまずありません。

個人的にはやはり「新ＮＩＳＡはぜひ活用したほうがいい」と思っています。

私がおすすめする理由は、先にもお話ししたように、**新ＮＩＳＡが「非課税投資」できる仕組みだからです。しかも、年間３６０万円、トータルで１８００万円まで投資ができるようにもなり**、生涯つき合い続けることができる投資だからです。

内容を知れば知るほど、新ＮＩＳＡは魅力のある制度だと思います。

なので、否定的な記事に左右されずに、どうか自分のペースで投資を行っていただければと思います。

第1章のまとめ

- 新NISAは「つみたて投資枠」と「成長投資枠」に。年間最大360万円まで投資可能
- 新NISAの非課税期間は無期限。預入期間を気にする必要なし
- 普通預金と積立投信——20年間で2000万円も差が出る！
- 新NISAをはじめるには、証券口座で普通口座（特定口座）と新NISA口座の開設を

コラム

節約のコツは家計簿から

節約のコツは何でしょう？

それは、「自分がどこに、いくらお金を使っているか？」を知ることです。
そのために、1カ月でいいので、家計簿をつけてみましょう。

多くの人は、日々の生活の中で無意識のうちにお金を使っています。コンビニでたいしてほしいとも思っていないスイーツを買ったり、「疲れたから」と外食してしまったり、趣味になると財布のひもが緩んでしまったり……。こうして、細かな支出が積み重なっていくことで、気づけば予想以上にお金が減っているということもよくあります。

そこで重要なのが、家計簿をつけて支出を振り返ることです。たとえ1カ月だけでも、自分のお金の使い方を記録してみましょう。そうすることで、「この支出は本当に必要だったのかな？」「自分はこういうお金の使い方をするのだな」と自問自答する機会が生まれます。**無駄な出費に気づくことができれば、自然と節約意識が高まっていくはずです。**

実はこれは節約だけでなく、投資にもつながってくるのです。
投資をする際には、毎月の積立金額を決める必要があります。一方で、**生活防衛資金と**

コラム

して半年から2年分の生活費を確保しておくことが重要です。どれだけの資金が必要なのかを知るには、まず自分の生活費を把握していなければわからないですよね。つまり、家計簿をつけることで、自分の生活スタイルに合った適切な投資計画を立てることができるのです。

節約に本気で取り組みたいのであれば、1日あたりの支出金額の上限を決めるのも効果的です。たとえば、月5万円で生活したいのなら、1日あたり約1700円が目安になります。1日単位だと、多く使う日には足が出てしまうので、3日で調整をするのがいいでしょう。3日分の予算を立てて、その範囲内で生活するように心がけましょう。まとめ買いなどで一時的に出費が増えても、次の2日間で調整すれば、トータルでは予算内に収めることができるはずです。

節約は一朝一夕にはできませんが、家計簿をつけることからはじめてみませんか？自分のお金の使い方を見直すことで、きっと新しい発見があるはずです。

第2章

投資初心者が使うべき投資のコツ・ワザ

ネット証券を使おう

第1章を読んで、「投資をはじめてみようかな」「新NISA、やってみよう！」という気持ちがわいてきましたか？　とはいっても、何からどうやればいいかわからない……と戸惑うかもしれませんね。

この章では、投資をはじめるにあたってやるべきことを、できるだけわかりやすくご紹介していきたいと思います。

自分に合った証券会社や商品を見つけて、無理なくはじめましょう。これが長続きする一番のコツです。

●おすすめ理由その①　手数料が断然安い

証券会社はいくつもありすぎて、なかなか選べないですよね。

まず、リアルな店舗を持つ総合証券にするか？　それとも店舗はなく、すべてネット上で行うネット証券にするか？　の選択肢があると思います。

たしかに、総合証券は店舗で担当者に口頭で伝えるだけで注文ができるという気軽さがあります。それに対して、ネット証券は申し込みも商品の売買もすべて自分でネットやスマホを使って行います。

ですが、私は断然**「ネット証券」**をおすすめします。

その理由は、**手数料が断然安いからです**。

総合証券の場合は店舗の固定費やスタッフの人件費などの運営コストがかかる分、「手数料」も高めに設定されています。ネット証券の場合は、実店舗がないので固定費が抑えられるし、常駐のスタッフや担当者がいないので人件費が抑えられます。

運営コストがかからないので手数料を安く抑えられるのです。これが圧倒的な違いであり、ネット証券の大きなメリットです。

たとえば、総合証券の野村證券とネット証券の楽天証券を比べた場合、楽天証券は1日の約定金額が合計100万円までは手数料が0円であるのに対して、店舗型の野村證券の場合は、20万円までは2860円、50万円までは「約定金額×1・43%」なので50万円なら7150円、70万円までは「約定金額×1・1%+1650円」なので、70万円なら9350円、100万円までは「約定金額×0・946%+2728円」なので、100万円で1万2188円もかかります。

相当な違いですよね。しかも、金額が大きくなればなるほど手数料も高くなっています。最近は、店舗型の証券会社でもオンラインを使う場合には手数料が安くなっているようですが、それでもネット証券の安さには残念ながら及びません。

●おすすめ理由その② 時間を気にせず売買できる

実店舗の場合には、お店が開いている時間に訪れなければ、売買ができません。ネット証券の場合には、お店が開いている時間に合わせる必要はなく、24時間365日、自分の好きなときに商品を売買することができます。

朝型の方や夜型の方、もしくは土日しか動けない人などは、なかなか店舗を利用することはできませんよね。ネット証券なら、自分の生活スタイルに合わせて投資を行うことができるのは大きな魅力ですね。

●おすすめ理由その③ 少額から積み立てられる

店舗型の証券会社の場合、積立投信は月1万円からという場合がありますが、ネット証券の場合は100円から投資が可能です。投資初心者の方はより気軽にはじめることができますよね。

そのほか、営業マンの巧みな話術で、あまりおすすめではない商品（証券会社の利益になるような商品）を売りつけられることもありませんから、安心です。

「ネット証券は口座開設を自分でやらなければいけないのが大変」と思う方もいらっしゃるかもしれません。最近はかなり簡単になってきました。

ネット証券の口座開設については、YouTubeで紹介しているので、ぜひご覧ください。

ネット証券×カードでお得もダブルに

実店舗がある証券会社ではなく、ネット証券で口座を開設することに決めましたか?
では、次のステップです。
どのネット証券がいいでしょうか?
私がおすすめするのは、次の3つです。

- **楽天証券**
- **SBI証券**
- **マネックス証券**

ネット証券のいいところは、手数料の安さに加えて、提携しているカードとセットで利用することで、ポイントなどが還元されることです。これらのネット証券はいずれも手数料が比較的安いことに加えて、提携カードのポイント還元率が高い点です。

次からひとつずつ、ネット証券会社の特徴についてご紹介していきたいと思います。

●楽天証券

楽天証券は新規口座開設数が一番多いので、大勢の人が利用しているという安心感があるかもしれません。初めて投資をする方が全体の80％というデータもあり、初心者に優しいとも言えるでしょう。

楽天銀行と楽天証券にそれぞれ口座を持ち両者間で資金の移動を行う「マネーブリッジ」を設定すると、普通預金の金利が残高300万円まで年0・1％（税引前）になったり、両口座間の入出金手数料が無料になったりするなどの特典があります。

また、楽天ポイントで投資ができるので、楽天市場でお買い物をして貯めたポイントを楽天証券で投資に回す、ということもできます。

●SBI証券

SBI証券も手数料が安いです。取り扱い銘柄が多く、特に外国株やIPO株（新規公開株）の種類が豊富。SBI証券でのみ購入できる銘柄もあります。

また、取引することでVポイントが貯まります。1ポイント＝1円として使えるので、普段のお買い物にも重宝しますね。クレジットカードでの積立投資（クレカ積立）も利用できます。

●マネックス証券

マネックス証券はほかの2つに比べるとやや上級者向けかもしれません。

米国株に強く、米国株の銘柄は5000以上にものぼります。

また、口座開設後に利用できるツールがとても便利です。リアルタイムのチャートから今後30年分のチャートまで見ることができる「マネックストレーダー」や、銘柄の企業情報（売上高、業績、配当利回り）などが一目でわかる分析機能「マネックス銘柄スカウター」はとても使えます。

クレジットカード積立の還元率は1・1％と非常に魅力的です。


このように、同じネット証券でも、特徴は少しずつ異なります。

自分にとって一番使い勝手がいいものを選びましょう。

新NISAで買える商品には何がある？

では、新NISAではどのような商品が買えるでしょう？

つみたて投資枠の対象になるのは長期の積立・分散投資に適した積立投資信託（金融庁の基準を満たした投資信託）のみですが、成長投資枠では投資信託のほか、国内株式、国内ETF・REIT、海外株式、海外REITなどを選ぶことができます。従来のNISAに比べて対象となる商品が増えました。

では、各商品の特徴をご紹介していきましょう。

●株式（個別株）

株式は、株式会社が事業を行うのに必要な資金を集めるために発行する証券で、国内株式、海外株式があります。

好きな企業を応援するという意味で個別の株式を購入することもできますし、株主優待を期待して株式を買うという人もいるでしょう。

銘柄の選択が難しい点がありますが、利益が10倍以上になる株も存在します。ハイリスク、ハイリターンと言えるでしょう。

●債券

債券というのは、国や地方公共団体、会社が一般の投資家に「借金」するために発行される証券です。

国や会社が倒産しない限り、利子と元本は戻ってきます。株式より比較的ローリスクと言えるでしょう。

●投資信託・ETF

投資信託は一言で言うと、「株の詰め合わせパック」。ひとつの商品で債券や株式など複数の資産に投資することができます。投資家から集めたお金を元に、運用のプロが代わりに株や債券などに投資・運用し、その利益を投資家に還元する仕組みです。

いろいろな商品が組み合わされているので、その分、リスクは分散されます。

ＥＴＦは、「上場投資信託」と呼ばれ、株の詰め合わせパックという側面では投資信託と同様です。ただし、投資信託は基準価額を元に1日1回しか取引できないのに対して、ＥＴＦは株と同じように価格が変動していくので、それに合わせてリアルタイムに取引することができます。

最近は、購入手数料ゼロという商品も増えてきましたが、投資信託やＥＴＦ保有時には信託報酬や経費率といった資産額に応じてかかる保有コストが生じます。

●ＲＥＩＴ

先の投資信託が「株の詰め合わせパック」だとしたら、ＲＥＩＴは「不動産の詰め合わせパック」。投資信託は株式を扱うのに対して、ＲＥＩＴは不動産が対象です。

詳しくは121ページでご紹介しますが、通常の不動産投資に比べて売買がしやすいこと、小口で投資ができること、商品の選定をプロに任せられることなどが魅力です。

新NISA商品の一押しは？

新NISAでは、いろいろな商品が購入できるというお話をしました。
では、そのなかで初心者におすすめのものは何でしょう？
やはり、一番のおすすめは「投資信託」です。その理由は3つあります。

●投資信託をおすすめする3つの理由

①リスク分散できる

ひとつは「リスク分散」できることにあります。投資信託は「株の詰め合わせパック」

のようなもので、いろいろな商品が入っています。

たとえば、Aという商品の株価が下がっても、Bという商品の株価が上がれば、トータルでの損失は軽減されます。プラスマイナスゼロになるかもしれないし、Bの株価の上昇率が高ければ、プラスを維持できるかもしれませんね。

このように、単体だとリスクをもろにかぶることになってしまうところ、詰め合わせであることによってリスクが分散され、痛手を負うことが少なくなるというわけです。

②低コストではじめられる

投資信託は100円から投資をはじめることができます。また、お買い物などで得た「ポイント」を使って投資できるサービスも。投資には抵抗があるな、という方もいらっしゃるかもしれませんが、月数百円であれば、まずはおためしで手軽にはじめられるのではないでしょうか。

③支払い金額が指定できる

株だと「その時の株価×購入株数」という計算方法になるので、毎回支払い額が一定にはなりません。

ですが、投資信託は「毎月いくら」という金額を自分で設定し、毎月、その金額でその日のレートに応じて購入する口数が決定されます。積立てる側は毎月積立てる金額を指定することができるというわけです。自分のお財布事情に合わせた投資ができますし、毎月の投資金額の見込みも立ちやすいでしょう。ただし、ETFの場合は株と同じく時価で購入するため、金額指定ができません。

投資の2つの運用方針

ここまで、投資信託についての概要をお話ししてきましたが、次に運用方針を決めましょう。

大きく分けて、手堅くいきたいのか？　それとも、ガンガン攻めたいのか？　の2つあります。それが、「インデックス型」と「アクティブ型」です。

●インデックス型（パッシブ運用）

インデックス型は、手堅くいくタイプです。インデックスというのは、「指標、指数」という意味。日本で言えば、「日経225（日経平均株価指数）」や「TOPIX（東証株価指数）」、アメリカで言えば「S&P500」などが、市場の動きを示す指標を表わしています。

それに連動して運用することを目指しているのが、この「インデックス型」です。商品名に「インデックス」「日経平均」「S&P500」とついていたりするのは、すべてこのインデックス型の商品になります。

言ってしまえば、市場の平均以上のリターンは期待できませんが、その分確実ではあります。

信託報酬手数料は0・1～0・4％程度になっています。

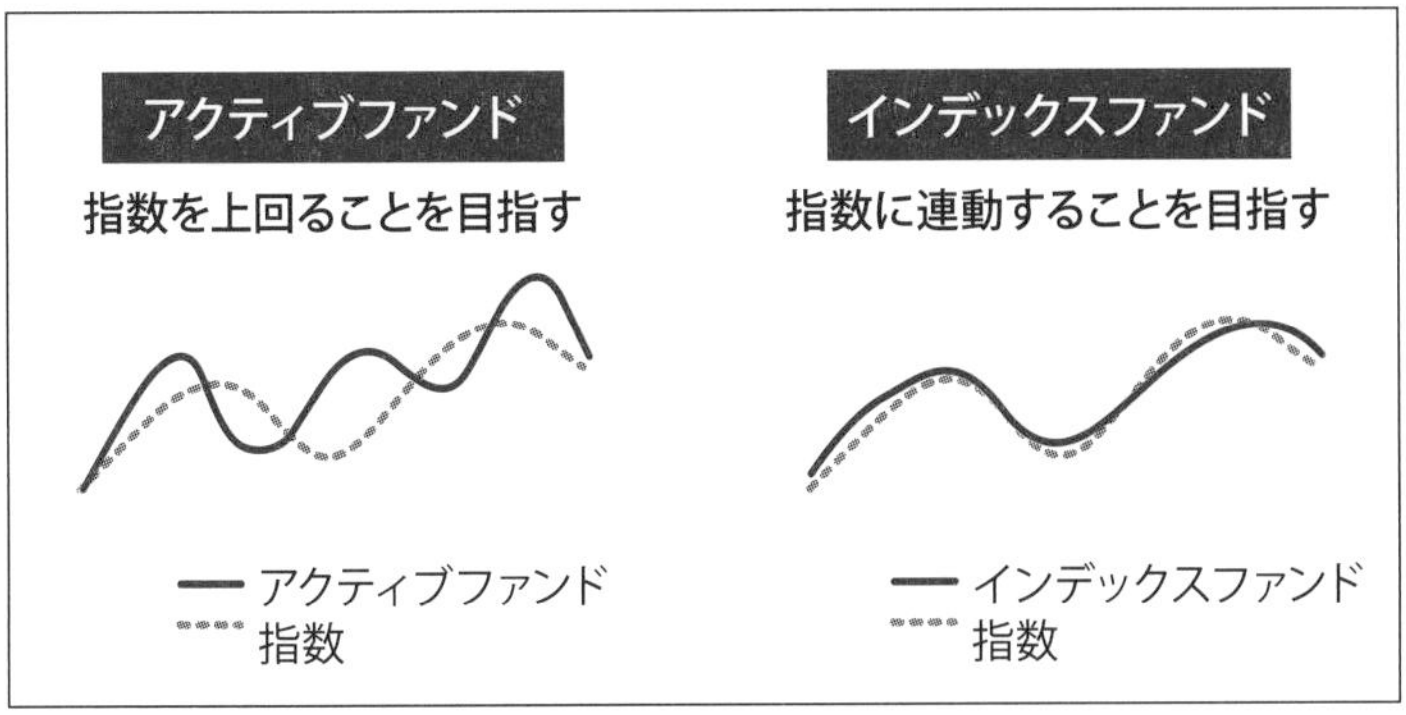

引用：三井住友DS投信直販ネット

●アクティブ型

アクティブ型は、ガンガン攻めるタイプです。市場の動きを示す指標を上回る運用を目指しています。このため、市場平均以上のリターンも期待できる場合があります。ただし、その逆も考えられるわけで、ふり幅は大きいかもしれません。

アクティブ型の場合、市場の平均以上の成績を上げるために、運用のプロが企業分析や調査を行い、厳選して銘柄を選んでいきます。その分の人件費がかかることなどから、インデックス型に比べて手数料が高くなっています。信託報酬手数料は0・5～1％程度となっています。

投資信託を選ぶコツとおすすめ銘柄

投資信託を選ぶコツはなんといっても、信託報酬手数料が少ないものを選ぶことが一番です。できるだけ低コストなファンドを選びましょう。

そういう点で、**「インデックス型」の商品をおすすめします**。信託報酬手数料だけで比較すると、インデックス型が0・1～0・4％程度であるのに対して、アクティブ型は0・5～1％程度。

どのくらいの違いがあるかというと、たとえば100万円分の投資信託を持っていた場合、信託報酬0・1％の場合、手数料は1000円ですが、信託報酬1％なら、手数料は1万円かかります。たとえ、利益が大きく出たとしても、手数料が多く差し引かれれば、その分、得られる金額は少なくなってしまいますから、お得感は薄まりますね。

というわけで、「インデックス型」の「信託報酬手数料が安い」銘柄を選ぶようにしましょう。

●手数料の比較――20年後はこんな差が！

では、手数料が違うとどのくらいの差になるのでしょうか？

手数料が0・1％と0・01％の場合で比較してみます。どちらも小さい数字なので、たいして変わらないのでは？　と思うかもしれませんね。

たとえば、毎月3万3333円（年間40万円）を20年間積み立て、利回り5％で運用した場合を考えてみると……

信託報酬0・1％の場合、手数料は14万円になります。

一方、信託報酬0・01％の場合、手数料は1万4000円です。

20年間毎月3万3333円（年間40万円）積立
利回り5％で運用

信託報酬手数料

信託報酬	手数料
0.1%	14万
0.01%	1.4万

0.1％はかなりの差になってしまう

10万円以上の差ですから、けっこう大きいですよね。

さらに、信託報酬1％だと、手数料は140万円にものぼります。

このように、手元に残る金額も変わってきますから、手数料はしっかり比較しましょうね。

ちなみに、この信託報酬手数料ですが、「いつ払うの？」と心配になる方もいるかもしれません。でも大丈夫です。投資信託を持っている方はすでに信託報酬手数料を払っているので突然請求されることはありません。基準価格から信託報酬分があらかじめ引かれているからです。

●低コストなおすすめ銘柄は

では、具体的に手数料が低い、低コストな銘柄にはどのようなものがあるでしょう?

・全世界株：
楽天・オールカントリー株式インデックス・ファンド、eMAXIS Slim 全世界株式（オールカントリー）、楽天・全世界株式インデックス・ファンド

・米国株：
eMAXIS Slim 米国株式（S&P500）、SBI・V・S&P500インデックス・ファンド、楽天・S&P500インデックス・ファンド

・新興国株：
eMAXIS Slim 新興国株式インデックス

・**バランスファンド：**

eMAXIS Slim バランス（8資産均等型）、楽天・インデックス・バランス・ファンド

全般的に、eMAXIS Slim シリーズは低コストファンドが多いです。ただ、どんどん新商品が出てきて、手数料も変わっていくので、注意して見ていきましょう。

毎月コツコツで確実に勝つ！

投資で儲けるには、**「安く買って、高く売る」**が基本です。

それは誰にでもわかることかもしれませんが、では安く買える時期、高く売れる時期は？その「買い時」「売り時」を見極めるのは非常に難しいのです。運用のプロであっても読み切れないところがあります。

そのリスクを分散し、プロでなくても利益を得やすくするのが、投資信託の積立です。
投資信託の積立は「時間」を味方につけることで、プロでなくてもできる投資方法です。

●ドルコスト平均法で利益を拡大！

投資信託の積立では毎月一定額を購入しますね。そのため、株価が高いときには買える口数は少なくなりますが、株価が値下がりしていたら、その分買える口数は増えます。株価が下がると、「うわ、まずい！」と考える人も多いですが、見方を変えると**「株が多く買えるチャンス」**でもあるのです。

このように、価格が変動するものに対して、常に一定金額で定期的に購入する方法のことを**「ドルコスト平均法」**と言います。ドルコスト平均法のいいところは、一度に大量に買う場合とくらべて、長期的に見ると平均購入単価を抑えられる点です。

「元本割れ」をなくすコツ

「とはいっても、投資って経済状況によって上下し、元本割れすることだってあるんでしょ？」と思う方もいるかもしれません。

たしかに、経済は日々変化を続けていますよね。そして、株価は上がったり下がったりを続けています。2008年には「リーマンショック」が起こり、株は大暴落しました。

一方、2024年の今は、3月に株価が日経平均で4万円を超えるなど、バブルと言われた1990年代をしのぐ勢いがあります。短期的に見ると、このように株価はプラスになったり、マイナスになったりと大きく変動しています。

せっかく投資をしても、またリーマンショックのような大暴落が来たら困るし……と考える方がいるかもしれません。そのリスクを軽減するのが、「長期投資」なのです。

投資にはリスクがつきものです。ですが、「時間」を味方につけることで、そのリスク

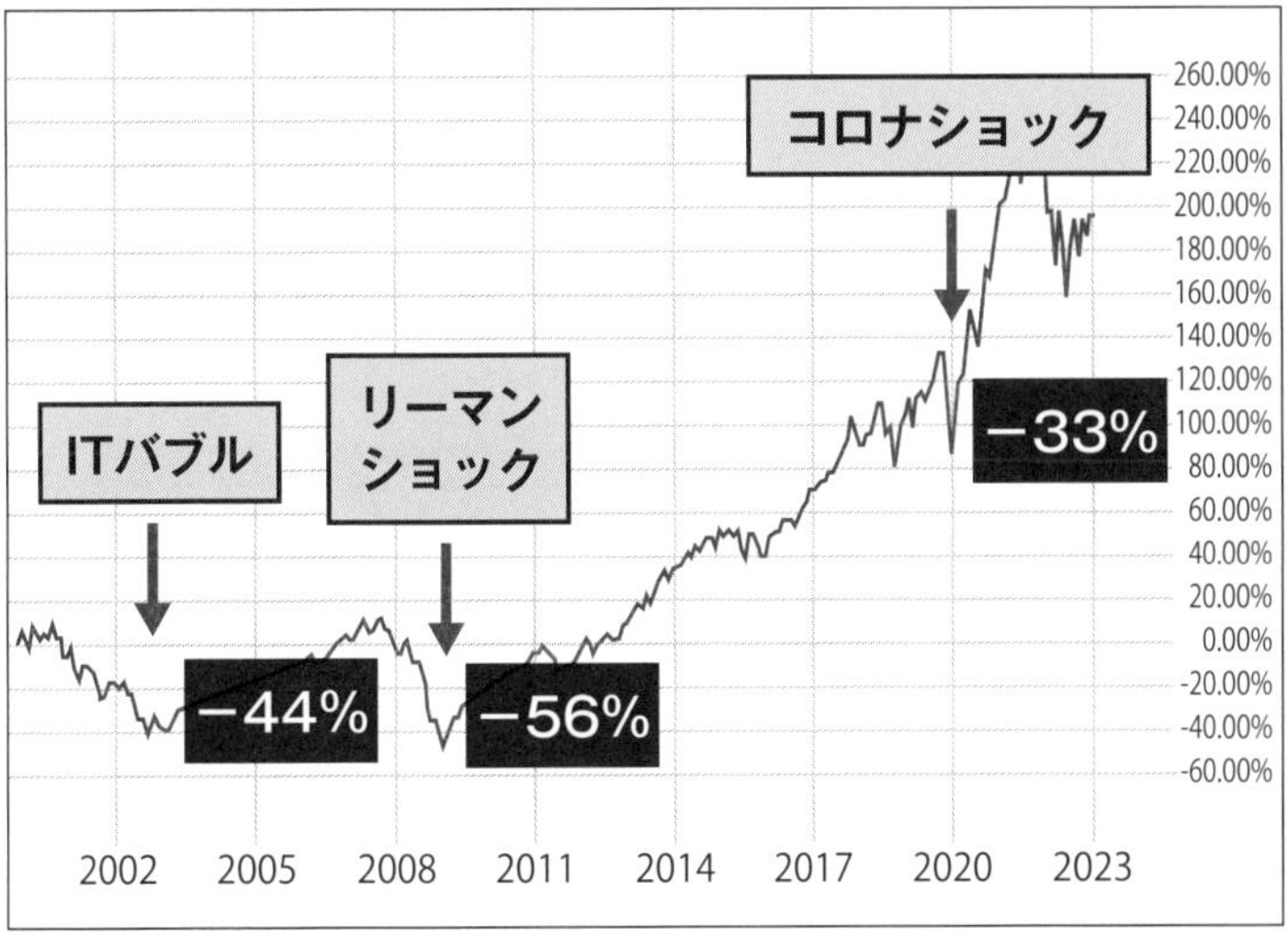

はかなり軽減することができます。

●長期投資でリターンを安定化

長期投資のメリットのひとつに、リターンが安定化するという点があります。

２００８年にはリーマンショック、２０２０年にはコロナショックによって、株は大暴落しました。ですが、リーマンショックの5年後の２０１３年には暴落前の水準に戻りましたし、２０２０年のコロナショックの4年後である２０２４年にはバブル期以上の高値を更新していますよね。

つまり、ある一時期だけを見てみると

アップダウンが激しく見えても、**長期的に見てみると、ジグザグを重ねながらも経済は確実に右肩上がりで成長しているのです**。そして、株価が下がったまま、ということはまずありません。

ここで重要となるのが、株価が下落したときにも焦らないこと。じっくり上昇を待つことです。下がったときに売ってしまったら、負けは確定です。でも、そこで待ち続けたらふたたびプラスに向いてきます。そして、10年、15年と長期投資を続けていたら、リターンの振れ幅はある程度収束していきます。

そして１９４５年以降、Ｓ＆Ｐ５００の優良な指数を購入していれば、どんなに相場状況が悪い15年間を切り取ったとしても、指数全体としてはプラスになっています。

●ほとんどの人が4年以下でやめてしまう

15年以上の長期投資を続けていたら、まず元本割れすることはないということは、先に見ていただいた図からもわかりますよね。

ですが、とても残念なことに、実際には、投資をしている方のほとんどが4年以下でやめてしまっているのです。

暴落相場に遭遇したとき、ショックを受けて「このままだと、株が紙切れ同然の価値になってしまう……。だったら、多少損をしても、値がつく間に売ってしまおう」と考えるのかもしれませんね。

でも、これはとてももったいないことだと思います。

たしかに、株価が暴落するとショックを受け、焦りを覚えるかもしれません。しかし、ぜひそこで踏ん張ってください。先にもお話ししましたが、長期で運用していれば大丈夫です。その先には右肩上がりの結果が待っています。

●複利の効果でゆきだるま式に資産を大きく

長期投資のメリットとして忘れてはいけないのが、「複利の効果」です。

投資信託は、運用で得た利益をそのまま再投資することで利益が膨らんでいく「複利」です。

複利

利息を元本に組み入れるので、利息が段々ふえる！

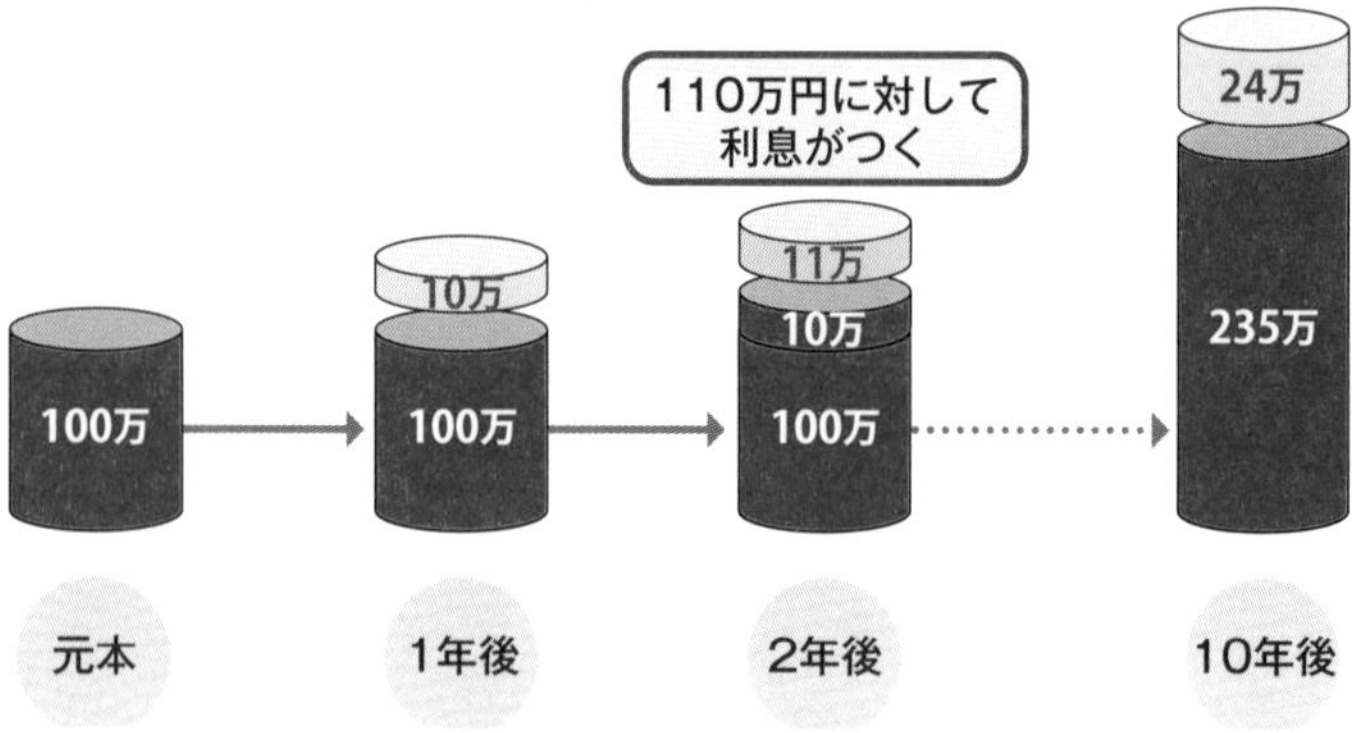

たとえば、１００万円持っていたとして、年利５％の場合、１年で５万円の利益が出ますね。単利の場合には、２年目も３年目も、それぞれ毎年５万円の利益が出ることが繰り返されますから、３年で15万円の利益が得られる計算になります。

一方、複利の場合はどうでしょう？　同じ条件の場合、１年目は１００万円に対して５万円の利益を得られるのは同じです。ですが、２年目は１０５万円の５％にあたる５万２５００円が得られます。３年目は１１０万２５００円の５％にあたる５万５１２５円が利益になる計算です。

このようにして、元金が少しずつ雪だる

まのように大きくなり、それにともなって利益も膨らんでいきます。そして、30年運用を続けた場合、単利だと100万+150万円=250万円ですが、複利だと100万円+332万円=432万円と、実に182万円もの差が出るのです。

このように、時間をかければかけるほど、複利の効果を得ることができます。

できるだけ早くはじめて、時間をじっくり使って、お金を稼いでいきましょう。

今までやってきたNISAで非課税枠は減る？

すでに、2024年以前にNISA口座を開設し、これまで一般NISAやつみたてNISAをやってきたという方もいるでしょう。そのような場合、非課税額の上限である1800万円の枠が減ってしまうのでしょうか？

答えは「**1800万円の枠は減りません**」です。

これまでにやってきた分とは別に、新たに１８００万円の枠が設定されます。たとえば、２０１９年～２０２３年までの間に合計で２００万円のつみたてＮＩＳＡを行っていた場合、２００万円＋その利益とは別枠で、新ＮＩＳＡの１８００万円分ができます。

●これまでのNISAは新NISAに移したほうがいい？

「これまでにやってきたＮＩＳＡやつみたてＮＩＳＡは、新ＮＩＳＡに移し替えたほうがいいか？」が気になる方もいらっしゃるかもしれません。

基本的に、金融機関を変更しなければ、これまでのＮＩＳＡの積立設定は自動で新ＮＩＳＡに引き継がれます。一般ＮＩＳＡは、新ＮＩＳＡの「成長投資枠」に、つみたてＮＩＳＡは「つみたて投資枠」にそのまま移行されます。

20年前後で限度額となる１８００万円を到底使い切れないという場合には、そのまま移し替えておくといいでしょう。

ただ、将来的に1800万円の限度枠を使い切ってしまいそうな場合には、新ＮＩＳＡで1800万円＋つみたてＮＩＳＡで非課税運用を同時に行なえるチャンスではあります。ですから、つみたてＮＩＳＡに残している商品はそのまま残しておいて運用するのもいいでしょう。

つみたてＮＩＳＡの場合、保有している商品は購入時から20年間、一般ＮＩＳＡの場合は5年間がそれぞれの非課税保有期間となります。

●特定口座での運用は新ＮＩＳＡに

2023年までは、つみたてＮＩＳＡの限度額が年間40万円だったことから、特定口座で運用していて利益が出ているという方もいらっしゃるかもしれません。

その場合には、一度売却して早めに新ＮＩＳＡに移し替えたほうがいいでしょう。

というのも、特定口座の場合には約20％の税金がかかるからです。資産が大きくなってから売却すると、その分税額も大きくなってしまいます。資産がまだそれほど大きくなっていない今のうちに、新ＮＩＳＡに移し替えておけば、ケースにもよりますがお得になる場合が多いです。

第2章のまとめ

- ネット証券は手数料が安く、提携カードのポイント還元率も高いのでおすすめ
- 新NISAで、初心者におすすめの商品は投資信託
- 投資信託には「インデックス型」を
- 「ドルコスト平均法」と「長期投資」でリスクを軽減
- 時間を味方につけて、「複利の効果」で資産を雪だるま式に増やそう

固定費の節約で不労所得を得る⁉

実は、**固定費を節約することは、不労所得を得ることと同じ効果があります。**

たとえば、携帯代の見直しや電力会社の乗り換えなどで毎月1万円の固定費を節約できれば、その分、毎月1万円の配当金が支払われるのと同じ大きさの効果があるのです。

しかも、節約で得られたお金は、税金がかかりません。たとえば、投資で1万円稼いでも、税金を引かれて手取りは約8000円。副業の場合は30％ほど引かれて7000円程度になってしまいます。それに対し、節約で浮いた1万円はそのまま自分のものになるのです。つまり、投資や副業の収入よりも大きな手取りを得られるというわけです。

ただし、節約は毎日スーパーでスイーツを我慢する！　というようなストレスの溜まるものではないほうが長続きします。携帯代のように一度見直せば効果が継続するものを選ぶのがおすすめです。

コラム

たとえば、ネットフリックス、U-NEXT、Amazonプライム、Huluなど、有料の動画配信サービスを複数契約している人は要注意です。月々の金額は意外と大きくなるからです。でも、解約ても、意外となんとかなるものです。

人は「3の法則」で生きています。約3週間同じ行動を続ければ習慣化するというのです。動画配信を見る習慣も3週間で身につきますが、逆に解約しても3週間も経てば慣れて、動画配信を見ないことが新しい習慣になる、というわけです。浮いた時間はぜひ、私の本を読んで投資の勉強をしたり（笑）、副業にあてましょう。さらなる収入アップが期待できるはずです。

固定費を月1万円削減できれば、それは300万円の資産から得られる不労所得と同じ価値があります。今日からさっそく、固定費の見直しにチャレンジしてみませんか？

第3章

新NISAでは これを買え！ タイプ別戦略・おすすめ商品

まずはこれを買え！　これからはじめる方、万人におすすめなのは……

ここまで、積立投信がおすすめですよ、という話をしてきましたが、では具体的にどのような銘柄を買えばいいでしょう？　証券会社のサイトを見ると、あまりに多すぎてわからなくなってしまいますよね。

ここでは、タイプ別に私、ぽんちよがおすすめする銘柄をご紹介していきたいと思います。「これでなければいけない」というわけではありませんが、私が実際に投資している商品も多々ありますので、ぜひ参考にしていただければ、と思います。

まず、**投資をこれからはじめる人、それから手堅く利益を得たいと考える多くの方におすすめの商品、S&P500、全世界株です。**

●S&P500・全世界株

S&P500は、ニューヨーク証券取引所やナスダックに上場・登録されている米国500社に分散投資するもの、全世界株はアメリカのほか先進国、新興国を含む、全世界の企業に分散して投資をするものです。

このふたつは「鉄板」といっていい商品でしょう。

これらについて、もう少し詳しく見てみましょう。

・S&P500

アメリカ企業100%で、500社の企業に分散投資することになります。

主な銘柄としては、アップル、マイクロソフト、AmazonやGoogleを運営するアルファベット、Facebookを運営するメタ社など、ハイテク企業が多いです。

・全世界株

文字通り、世界中の企業に分散投資することになります。

具体的な内訳は、アメリカが約6割、そのほかは日本、イギリス、フランス、カナダなどの先進国や中国、台湾、韓国などの新興国にも投資することができます。

●S&P500、全世界株をすすめる3つの理由

これらをおすすめする理由は、3つあります。

①世界的に人口が増えている点

1つは、世界的に人口が増えている点です。日本は減少していますが、世界に目を向けてみると人口は増え続けています。国連の推計によると、2000年に61億2700万人だった人口は、2022年11月には80億人になりました。さらに、2050年には97億人になると予測されています。

人口が増えれば増えるほど、世界経済や米国経済は成長し活性化していきますから、株価も右肩上がりに上昇していくだろうと予想できるわけです。ＩＭＦ（国際通貨基金）が

2024年1月に発表した「世界経済見通し」によれば、世界経済の成長率は2024年が3・1%、2025年が3・2%と予測されています。この成長率を活かした投資ができるのです。

②分散されたポートフォリオ

2つめは、S&P500は米国500社、全世界株は世界中の株に投資、とかなり分散され、バランスの取れたポートフォリオになっています。そのことによって、リスクはかなり軽減できるでしょう。

③低コスト商品が多数ある

3つめは、これらの商品は各社で競争が激しくなっていて、手数料が非常に安いものが多数登場しています。先にもお話ししましたが、特に10年以上の長期投資をする場合には手数料は重要なカギとなりますから、これらの商品はまさにうってつけですね。

	商品名	信託報酬	楽天還元	SBI還元
S＆P500	eMAXIS Slim 米国株式	0.09372%		
	SBI・V・S&P500	0.0938%		
	楽天S&P500インデックス	0.077%	0.028%	
全世界	eMAXIS Slim 全世界株式（オールカントリー＆除く日本）	0.05775%		0.0175%
	Tracers MSCI オールカントリー	0.05775%		0.0175%
	楽天オールカントリー株式	0.0561%	0.017%	

●S&P500 vs 全世界株——どちらがおすすめ？

過去20年間を見てみると、アメリカの成長が著しかったこともあり、S&P500のリターンは約3・6倍、年率11%でした。全世界株は新興国などへの投資も含んでいる分リターンは抑えめでリターンは約2・38倍、年率7・5%でした。

インデックス投資の平均年率は3〜7%と言われていますから、この20年間はかなり好調だったと言えるでしょう。

ちなみに、S&P500は米国の企業のみが対象ですが、全世界株は全世界に分散されているため、よりリスクが軽減されます（ちなみに、全世界株の中にも米国株は6割ほど入っています）。また、新興国の成長も取り込めることなどから、個人的には、特に初心者の方には全世界株がおすすめです。

●おすすめの銘柄は？

具体的には、右図のような商品があります。

手数料の一部を証券会社が還元してくれる商品もあります。

20代・30代で多少リスクを取っても儲けたい人に……

20代、30代で「長期投資でリスクを取ってリターンをねらいたい」「もっと攻めた投資をしたい！」という方におすすめなのは、ナスダック100とFANG＋です。

S&P500のうち、売上をけん引しているのは、実はたった5社だとも言われていいます。それがGoogle、アップル、Facebook（メタ社）、Amazon、マイクロソフトの「GAFAM」です。

「それらの会社に、もっと集中的に投資したい」という方は、この2つの商品に投資するのもいいでしょう。

NASDAQ100、S&P500リターンの違い

●ナスダック100・FANG+

・ナスダック100

ナスダック100はナスダックに上場している全銘柄の中から、金融銘柄を除く時

NASDAQ100		(参考)S&P500
1985年	設立	1957年
Nasdaq社	算出会社	S&P Dow Jones Indices社
ナスダック市場	対象市場	米国の金融取引所
100	企業数	500
時価総額ベース	ウェイト付け	時価総額ベース

価総額の上位100位に分散投資します。100銘柄は毎年12月に入れ替えられます。

構成比率上位10銘柄には、アップル、マイクロソフト、Amazon、Googleを運営するアルファベットやテスラ、Facebookを運営するメタ社などがあります。ちなみに、2003年からの20年間で、上位10位に残っている銘柄は、マイクロソフトのみと入れ替わりは激しいです。

過去30年のリターンをS&P500と比較してみると、S&P500は約14倍なのに対して、ナスダック100は約80倍と驚異的な倍率になっています。

とはいっても、500社ではなく100社に集中していることから、よりリスクが高くなることだけはよく覚えておいてください。

●ナスダック100を選ぶなら……

具体的には、次のような商品があります。新NISAのつみたて投資枠でも買えます。

- ifree NEXT ナスダック100　手数料0・495%
- 楽天NASDAQ100

・FANG＋

こちらはさらに強気な投資をしたい方向けではあります。ナスダックの１００社よりさらに絞り込んで10社に集中した商品です。

ＦＡＮＧ＋は、世界的に知名度が高く、大きな影響力を持つ企業10社から構成される「ＮＹＳＥ ＦＡＮＧ＋指数」を元にしたインデックスファンド。ＦＡＮＧはFacebook（メタ社）、Amazon、Netflix、Google の頭文字を取ったものです。これに、アップルやテスラなど最先端の企業6社を加えた10社のみに集中投資できます。

過去10年間のリターーンを比較してみた場合、Ｓ＆Ｐ５００が2・4倍、ナスダック１００が３・51倍だったのに対して、このＦＡＮＧ＋は６・13倍にまで膨らんでいます。ただ、集中的に投資する分、リスクも高いので、きちんとリスクが取れる人向けと言えるでしょう。

●FANG+を選ぶなら……

具体的には、次のような商品があります。

・ifree NEXT FANG+

米国株を超えるようなリターンを期待するなら……

米国株を超えるようなリターンを求める！　という方はぜひインド株に注目してみましょう。

●インド株

世界経済と人口の増加は比例しているところがあります。

そして、インドは2023年に中国の人口を抜きました。

2023年4月にUNFPA（国連人口基金）が発表した「2023年版世界人口白書」によると、2023年のインド人口は約14億2860万人。今後も人口は増え続けるだろうと予測されています。

一方、これまで1位だった中国は、ひとりっ子政策などの影響もあって約14億2570万人に。今後も人口の減少が続くと見られています。実際、中国経済にも少し陰りが見えてきたと言われています。

ちなみに、3位はアメリカで約3億4000万人。今後も人口は増加すると言われています。日本は前年11位でしたが、エチオピアに抜かれて12位になっています（約1億2330万人）。

各国GDP規模ランキング

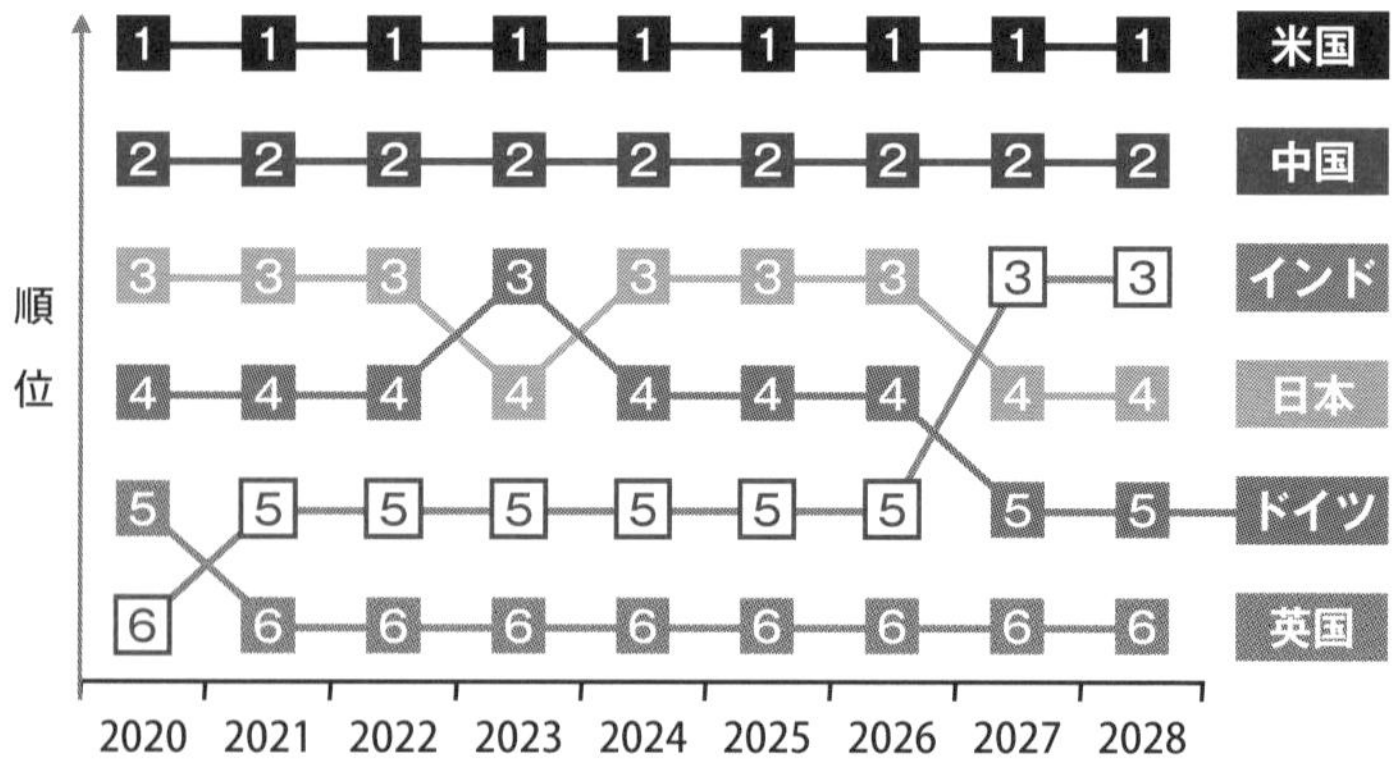

●インド株に勢いがある2つの理由

①人口ボーナス期に突入

経済成長する国かどうか？　を見るひとつの指標として「人口ボーナス」という考え方があります。国の人口を15歳～64歳の「生産年齢人口」と14歳以下と65歳以上の「非生産年齢人口」に分けて考えます。生産年齢人口が非生産年齢人口の2倍以上いる状態を人口ボーナスといいます。労働人口が多いということです。

日本では、高度成長期と言われた1960年代から「バブル期」と呼ばれた

1990年頃までが人口ボーナス期でした。実際、バブル期には日本の株価も高騰しました。インドは、2011年からこの「人口ボーナス期」に入り2040年頃まで続くのではないかと言われています。これからインド株もバブルを迎える可能性がおおいにある、というわけです。実際、インド株は2023年12月に急上昇し、史上最高値を記録しました。

②GDPの上昇

また、インドのGDPを見てみると、2020年は6位でしたが、2021年には英国を抜いて5位になりました。また、2027年には、3位のドイツ、4位の日本を抜いて、5位から3位に躍り出るのではないかとの予測もあります。

実際、Amazonがインドに2・1兆円の投資をしたり、テスラ社が大規模投資を検討していたりします。また、アップルがiPhoneの生産工場をインドに移転し、そこでの生産台数を増やす予定など、世界が注目しているのは事実です。

●おすすめインド株商品

インド株については、具体的には次のような商品があります。

・ifree NEXT インド株式

インドの50社で構成される「Nifty50」に分散投資できる。
新ＮＩＳＡの成長投資枠でも購入可能。
手数料が安い（０・４７３％）

・eMAXIS インド株インデックス

・楽天インド Nifty50

新ＮＩＳＡのつみたて投資枠では手堅い商品をおさえ、成長投資枠でこれらの商品を購入してみるのもいいのではないでしょうか。

配当金をねらうなら……

投資信託だと、基本的に配当金はもらえません。

でも、実際に配当金が振り込まれたらうれしいですよね。

この気分を味わいたい方におすすめなのが、高配当ETFや高配当投資信託です。

●米国高配当ETF（米国高配当投資信託）

米国高配当ETFでは3月、6月、9月、12月の年4回、配当金がもらえます。

具体的な商品としては、VYM・SPYD・HDVなどがあります。個人的にはVYMがお気に入りです。

これらは、どれも高配当ETF。ランニングコストも0・06～0・07％程度と低コストです。

●VYM

VYMはバンガード社が提供しているETF。2006年に設定されました。市場の平均利回り以上の銘柄で構成されています。配当利回りは約3%。

●SPYD

SPYDは、アメリカの「S&P500」指数を構成する500銘柄のうち、配当利回りが高い高配当銘柄上位80社で構成されたETFです。配当利回りは約5%です。

●HDV

HDVは2011年に設定された比較的新しいファンドで、モーニングスター配当

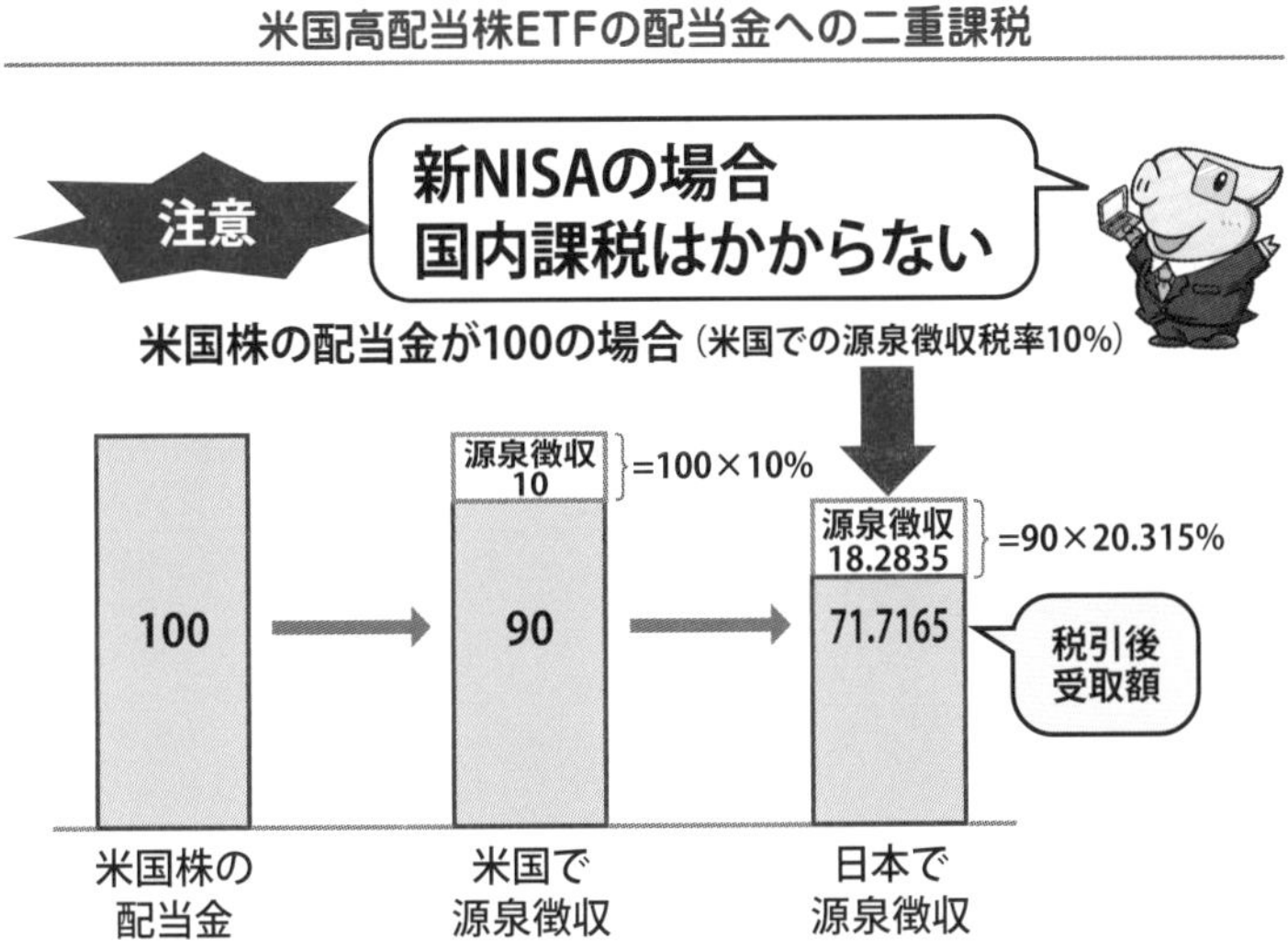

フォーカス指数をもとに、持続的に高配当を続けている銘柄上位74社で構成されたETFです。上位10銘柄はエクソンモービル、ジョンソンアンドジョンソン、コカ・コーラなど、世界的な企業。価格の上昇が安定していること、高配当であることが特徴です。配当利回りは約3・84%。

●米国高配当投資信託を選ぶなら……

投資信託として買う場合には次のような商品があります。

・SBI・V・米国高配当株式（年4回決算型）

また、各証券会社の「米国株」のページから「ＶＹＭ」「ＳＰＹＤ」と検索しても、商品が出てきます。

ただし、新ＮＩＳＡで米国高配当ＥＴＦを行う際には注意が必要です。新ＮＩＳＡでは国内課税は非課税になりますが、新ＮＩＳＡの場合国内課税は免れますが、現地課税は免れないので手取り率は90％となります。

リスクを抑えながら増やしたい50代前後の方に……

特に50代以降の方は、あまりリスクを負いたくないという考えも強いと思います。そのような場合には、債券を含んだバランス型ファンドを選びましょう。

●債券を含んだバランス型ファンド

バランス型ファンドは、日本株式、日本債券、海外株式、海外債券……と、国内や海外の株式、債券が文字通りバランスよく入った商品です。バランス型ファンドは、運用のプロが投資先の配分が大きく変わらないように常に管理し、調整してくれます。そのため株価の変動によってバランスが大きく崩れることはありません。ただし、人件費がかかっている分、手数料はインデックス型より高めに設定されています。

大きなリターンはないかもしれませんが、安定性を重視する人には向いています。

特に、債券は株に比べて安全性が高く、国や企業が倒産したり破綻したりしない限り元本は戻ってきます。また、株と反対の動きをすると言われていて、株価が下がったときには債券の価格が上がるという現象が見られます。ですから、たとえ株価が暴落したとしても、そのマイナスを緩めてくれる緩和剤の役割を果たしてくれることもあるのです。

第3章のまとめ

- 初心者におすすめなのは、S&P500と全世界株式
- ハイリスク、ハイリターンをねらうなら……ナスダック100やFANG+
- 米国株を超えるリターンを期待するなら……インド株
- 配当金を得たいなら……米国高配当ETF
- リスクを抑えながら資産を増やすなら……債券を含んだバランス型ファンド

コラム

3000万円、5000万円、1億円で見える世界とは？

あなたは、3000万円、5000万円、1億円といった金額を聞いて、どのようなイメージを持つでしょうか？

遠い世界の話だと感じる方も多いかもしれません。しかし、実はこれらの金額は、適切な投資と時間があれば、決して非現実的な数字ではないのです。

たとえば、新NISAを使って毎月10万円を年利5％で積み立てていくと、15年で非課税入金額の上限1800万円に到達します。そこから積み立てをストップして放置しておくだけでも27年10カ月後には5000万円になるのです。5000万円という金額が、身近に感じられてきませんか？

また、1800万円を積み立てた後、それを取り崩さずに別の収入で生活しながら放置すれば、27年1カ月後には約1億円になります。最近は「億り人」とか「億女」という言葉も出てきていますが、**時間を味方につけ長期的な視点を持つことで、1億円という金額も決して夢ではなくなってくるのです。**

3000万円というのは、いわゆるFIRE（経済的自立・早期リタイア）のひとつの目安とされている金額です。これだけの資産があれば、年間120万円程度の不労所得を得ることができると言われています。

つまり、3000万円を超えるあたりから、働かなくても最低限の生活ができるようになるのです。そして5000万円もあれば、より豊かで安定した老後生活が送れるでしょう。

しかし、こうした資産形成は一朝一夕にはできません。できるだけ早いうちから投資をはじめ、コツコツと積み立てを続けることが重要です。投資によってお金を増やしつつ、節約も心がけることで、着実に目標に近づくことができるはずです。

3000万円、5000万円、そして1億円。一見すると大きな数字ですが、正しい方法で資産形成に取り組めば、誰にでも実現可能な目標です。将来のために、今から一歩を踏み出してみませんか？

第4章

投資信託・ＥＴＦ以外の投資戦略

ここまでは、投資信託やＥＴＦについてのお話しをしました。

「でも、もうちょっと別の方法の投資をしてみたいな」という方もいらっしゃるかもしれません。そのような方はぜひ本章を参考にしてみてください。

個別株投資（高配当株や成長株）

誰にでもできるのは、これまでにお話しした投資信託やＥＴＦです。というのも個別株の購入はリスクがやや高めだからです。

でも、実は私のお気に入りは、これからご紹介する個別株です。というのも、企業の業績や事業内容や理念などを知る、いいきっかけになるからです。

友達にすすめられて証券口座を開設したあと、はじめて購入したのも個別株でした。楽天やトヨタ自動車など、名前を聞いたことのある企業の株を買い、株について少しずつ学んでいったのです。

●高配当株を見つける4つのポイント

配当金が出るのはやっぱりうれしいものです。はじめて配当金が私の銀行口座に振り込まれたとき、「ああ、ついに不労所得を手に入れることができるようになった……」と、なんとも言えない喜びを感じたことを今でも覚えています。

また、すでに１０００万円など、ある程度のお金を貯めた人は、次の目標を設定しづらいところがあり、モチベーションが下がりがちです。２０００万円を目標にするには少しハードルが高いし、かといって１１００万円では張り合いがない……。そのようなときに「まずは月１万円の不労所得を目指す」のは、新たな目標になりやすいです。

では、高配当株はどのように見つければいいでしょう？

高配当株を選ぶ際に見るべきポイントは４つ。

①売上高の推移

②**営業利益**
③**配当性向**
④**対会社予想進捗率**
です。

高配当株はできるだけ長く、安定して配当金をもらいたいものですよね。そのために見極めるべきなのがこの４つなのです。

①売上高の推移

売上高とは、企業が商品やサービスを提供して得た売上の合計金額です。

たとえ高配当株企業でも、売上が年々減少しているような場合には注意が必要です。高配当株企業は多くの場合、歴史が長かったり、伝統的なビジネスモデルの企業だったりします。というのも、配当金を多く出す理由は、利益は上げているけれど、企業自体が成熟しているため事業で投資する先がないという企業が多いからです。この余剰分の利益を株主還元として配当金を出すというわけなのです。

成熟した企業ですから、ベンチャー企業などと違って急成長は見込めません。ですが、少なくともなだらかでも右肩上がりに売上を伸ばしている企業を選びましょう。

②営業利益

営業利益とは、売上高から原価や人件費、広告宣伝費などの経費を差し引いた金額です。これを見ることで企業の「稼ぐ力」がわかります。

売上は上がっていても、営業利益が下がっている場合、稼ぐ力はダウンしています。今は大丈夫かもしれませんが、将来的に業績が悪化し、配当金が減配になったり、無配になったりする可能性もあるでしょう。

営業利益が減少傾向にないか？　をしっかりと見極めましょう。

③配当性向

配当性向というのは、配当金が企業利益のどのくらいの割合を占めているのか？　を表わす指標です。配当金は企業の年間利益から支払われるため、利益に対する配当金の割合が少ないほど、配当に対する利益の余裕度が大きいことがわかります。

「1株配当金÷1株当期純利益×100」で求めることができます。

配当性向が10％なら、この会社には余裕があるので今後増配の可能性は十分にあるでしょう。しかし、配当性向が90％だと、今の配当金を支払うのにも精一杯で、もちろん増配など考えられないでしょう。

配当性向を見ることで、企業が無理して配当金を支払っているのか否か？　がわかります。

④対会社予想進捗率

売上高、営業利益、配当性向から、その会社の「現状」を調べたら、最後にその企業の「未来」も予測します。たいていの企業では、1年間、もしくは四半期ごとに業績を予想して経営計画を立てます。その計画に基づいて配当金の金額を決定するのです。ここで大事なのは、経営計画を知ったら、それが実際にどのくらい進んでいるのか？　の進捗もきちんと調べることです。というのも、計画は必ずしもその通りに進むわけではないからです。実際に、配当金はもらったものの、あとからその企業の減配発表がなされ、株が暴落したということもあります。

急上昇もあり？——成長株

最後に、私が実は一番好きで、もっとも資産をつぎ込んでいる「成長株」についてお話ししたいと思います。

成長株というのは、創立間もない企業や上場したての新興企業のなかでも高成長が期待できる企業の株です。先の高配当株が役員クラスの年配なら、成長株は新入社員とでも言えるでしょう。まだ歴史も浅いので、この先どうなるかは見えづらいところがあります。

ですが、若さならではの熱い思いや他社にはない強み、革新的な技術など、ワクワクして思わず応援したくなるような魅力があるのです。

高配当株企業の場合、ほとんどが成熟企業ですから業績が急激にアップすることはまずありませんが、成長株企業の場合には株価が倍増する可能性も十分あります。逆に、突然失速して株価が半分に……という場合もあるでしょう。予測しきれないけれど、未来に可能性を秘めているところがいいのです。

●失敗しにくい「成長株」の見分け方

とはいっても、せっかくの資産を目減りさせることはできるだけ避けたいですよね。

そこで、失敗しにくい「成長株」の見分け方をご紹介したいと思います。

ポイントは2つ。「売上高」と「営業利益率」です。

①売上高成長率20％以上

売上高とは、企業が商品やサービスを提供して得た売上の合計金額です。高配当株の場合には、売上高が下がっていない企業を選ぶことをポイントにしましたが、成長株の場合は、**売上高が前年比20%増を何年も継続している企業を選びます。これは、事業規模の拡大が順調に進んでいることを示しているからです。**

②営業利益率10%以上

営業利益は売上高から原価や人件費、広告宣伝費などの経費を差し引いた金額で、企業の「稼ぐ力」を知る指標でした。成長株では、ここから「営業利益率」（営業利益÷売上高×100）を調べましょう。

新興企業では、他社にはない強みや革新的なサービスが重要になってきます。これらの力を持ち合わせているかどうか？　がわかるのが、この営業利益率なのです。営業利益率が10%以上の企業は「自社独自の強みを持っている」と言えます。同業他社との争いにも勝てるので、価格競争に巻き込まれることはありません。その結果、必要以上の安売り、値下げをすることなく、きちんと営業利益を上げることができるのです。

●証券会社サイトの「スクリーニング機能」を活用しよう

売上高成長率20％以上が何年も継続し、営業利益率が10％以上の企業を探すにはどうすればいいでしょう。自分で探すのはとても時間がかかると思います。

そこで利用したいのが、楽天証券、ＳＢＩ証券など、ネット証券会社のサイトについている「スクリーナー機能」です。

たとえば、楽天証券の場合には「国内株式」のトップページにある「スーパースクリーナー」を押すと、スクリーナー機能ページに飛びます。「詳細検索項目」に「売上高変化率（％）」、「売上高営業利益率（％）」を追加。

「売上高変化率（％）」は最小値20～最大値○○、「売上高営業利益率（％）」は最小値10～最大値○○と入力すると、一覧が出てきます。

ただし、この一覧はあくまでも条件をクリアした企業というだけで、その企業の本質まで表わすものではありません。そのなかから、気になる企業があったらピックアップし、企業情報や決算資料などを調べながら**「その会社に、他社にはない強みがあるか」「事業に将来性はあるか」を見てみましょう。**

不動産投資界の投資信託──REIT

REITは、不動産投資界における投資信託です。「Real Estate Investment Trust」の略で、「不動産投資信託」とも呼ばれます。日本のREITは「J-REIT」と呼ばれます。投資家から集めたお金で、運用のプロが不動産投資を行い、そこで得られた利益を投資家に還元する仕組みです。

投資信託が「株の詰め合わせパック」だとしたら、REITは「不動産の詰め合わせパック」と言えるでしょう。投資信託は株式を扱うのに対して、REITは不動産が対象です。

また、株と同じくネット証券で購入でき、リアルタイムで売買が可能です。「不動産投資＋株取引」の両方の特徴を併せ持ったのがREITと言えるでしょう。

●運用型は6通り

REITには6つの種類があります。

オフィスビル、商業施設、マンションを中心とする住宅、物流センター、ホテル（リゾートホテル、ビジネスホテル）、またこれらを組み合わせた複合型などの種類があります。

●どうやったら買える？

普通の不動産の場合には買いたいと思っても、すぐには買えないですよね。銀行で融資を受けて、不動産会社や大家さんと契約書を交わしたり……と、ある程度の手間と作業が必要です。また、売りたいと思ってもすぐに売却することはできません。ですが、REITの場合には株と同じように、買いたいときには即買いできるし、売りたいときには即売却して現金化できます。ネット証券のアプリを使えば、スマホで簡単にできるのです。

●ＲＥＩＴの4つのメリット

ＲＥＩＴのメリットは４つあります。

①保有するだけなので手間いらず

通常、不動産を持つ場合、購入費用は一括ではまず払えませんから、金融機関からの融資が必要になります。そのほか、建物の修繕、管理会社への委託、入居者の集客などが必要となります。一方、ＲＥＩＴは保有するだけでＯＫ。少額から投資できるので、金融機関からの融資も必要ありませんし、修繕や管理会社への委託、入居者の集客はすべて投資会社が行なってくれます。

②高額な物件も少額から投資できる

本来なら、ものすごく高額なショッピングモールやホテルなど、通常の不動産投資ならとても手が出ませんね。でもＲＥＩＴなら少額で投資できます。

また、すぐに売買が可能です。

③安定した高配当が期待できる

不動産投資の場合、たとえば貸家に空室が出ると家賃収入が減ってしまうリスクが常についで回ります。ですが、ＲＥＩＴの場合、数多くの物件を同時に持っているので、リスクが分散されます。たとえ１件空きが出ても大きなダメージにはならないのです。そのため、安定した高配当が期待できます。

④株にくらべて高配当

ＲＥＩＴは株に比べて高配当です。

株は、株式会社が法人税を支払った後の剰余金から配当金を支払います。それに対して、Ｊ－ＲＥＩＴは利益の90％以上を分配金にすると法人税が免除されるという制度があるのです。そのため、利益のほとんどが投資家に戻ってくるというわけです。利回りを比べてみると、常に東証１部より１～２％ほど高くなっています。

●ＲＥＩＴのデメリット

とはいっても、ＲＥＩＴにもデメリットはあります。

①元本保証ではない

株と同じく経済情勢によって価格が変動するのでリスクはあります。

②分配金が減少するリスク

元本保証じゃない → 経済情勢に応じて株価のように常に価格変動するよ→倒産・上場廃止

分配金減少リスク

金利変動	REITは銀行からもお金を借りている銀行に支払う利息が増えると収益減少
災害	火災や地震などによりダメージを受ければその分、修繕などで収益減少
税制改正	不動産関連の税制改正にも影響を受けて分配金が減る可能性

分配金が減少するリスクもあります。

その一つが「金利の変動」によるもの。扱う商品が高額なため、投資家からのお金だけではなく、銀行からもお金を借りています。そのため、銀行に支払う利息が増えると、その分、収益は減ります。

二つめは「災害」によるものです。地震や火事などの災害が起こり、建物がダメージを受けると修繕などが必要になります。その分、収益は減ります。

三つめは「税制改正」によるものです。不動産関連の税制改正に影響を受けると、分配金が減る可能性はあります。

もちろん、REITに限らず、投資には

何らかのリスクがあることはたしかです。

メリットとデメリットを見極めて決めましょう。単純に利回りが高いからといってよく調べずに飛びつくのはキケンです。

第4章のまとめ

○個別株投資で高配当株を見つける4つのポイント

①売上高の推移

②営業利益

③配当性向

④対会社予想進捗率

○失敗しにくい成長株選びのコツ

①売上高成長率20%以上

②営業利益率10%以上

の企業をスクリーニング

○ＲＥＩＴ（不動産投資信託）のメリット、デメリット

〈メリット〉

①保有するだけで手間いらず

②高額な物件も少額で投資できる

③安定した高利回りが期待できる

④株に比べて高配当

〈デメリット〉

①元本保証ではない

②分配金が減少するリスクあり（金利の変動、災害、税制改正）

株で損失を抱えたら？「打率」よりも大切なこと

「3割打者がいい」「打率3割になるには……」と野球ではよく言いますが、投資の場合もつい投資の成功率で見てしまいがちです。

でも、株式投資の場合は、たとえ「10戦9敗」でもいいんです。毎回1万円の損失で9敗して、マイナス9万円になったとしても、最後の1回で100万円のプラスになれば、たった1勝でも大きな利益を得られれば、トータルでは黒字になります。

逆に、たとえ毎回1万円の利益で9勝して9万円の利益があっても、最後の1回でマイナス100万円だったら、9勝1敗でも大損失になってしまいます。このように、**打率よりも重要なのは「損失のコントロール」なのです。**

そこで重要なのは、ダメな銘柄からは早めに手を引くこと。つまり「損切り」をすることです。とはいっても、なかなか切るのには勇気がいりますよね。「もう少し待てばまた上がるのではないか」という気持ちをつい抱いてしまうからです。

コラム

ですが、買値から7％下落したら、潔く損切りしましょう。

私自身が初めて損切りをした時は、買値から20％下落した時でした。一日で16万円の損失。これは当時の手取り1カ月分です。実家のソファで損切りをしたのですが、しばらくはボーッとしてやる気が出ませんでした。ほかの銘柄が値上がりしていて、トータルでは黒字になったので、翌日からはすっぱりと気持ちを切り替えることができました（笑）。

たとえ、一銘柄で損をしても、ほかの銘柄でプラスになっていれば、トータルでは問題ありません。そのためにも、リスク分散を図ることが何より重要なのです。

第5章

新時代の投資術！

新しい不動産投資の形、あらわる！

不動産に投資したいけれど、わからないことも多くて手を出しにくい……。そのように考えて二の足を踏んでいる方もいるかもしれません。

基本的に不動産投資というと、自分で金融機関から融資を受けて希望の物件に投資するというスタイルです。

不動産の投資信託としては、「ＲＥＩＴ」という手段がありますね。これは第４章でもお話ししましたが、言ってみれば不動産の詰め合わせパックのようなものです。高配当株のように利回りが高く、いろいろな商品に投資できるのが特徴ですが、一方で、あくまでも「詰め合わせ」なので、自分で好きな物件を選びにくいという点もあります。

また、株と同じようにリアルタイムで価格が変動するので、常に「基準価格」を意識しながら投資をしていく必要があります。

それに対して、**「新しい投資の形」として最近脚光を浴びつつあるのが「不動産クラウドファンディング」（以下、不動産クラファン）です。**２０２２年あたりからＳＮＳで認知が広がり始めた、まだ比較的新しいサービスです。

●不動産クラウドファンディングって？

最近の不動産投資というと、先にご紹介した「ＲＥＩＴ」を思い浮かべる人もいるでしょう。

「みんなでお金を持ち寄って投資をする」という点ではＲＥＩＴと同じです。ですが、投資できるファンドが定期的にサイト上に公開されるので、自分の好きな物件を選べるというのが、不動産クラファンの大きな特徴です。

たとえば、「東京都○○区○○町にあるこの物件に投資します」というのがホームページに多数公開されます。投資家はその中から「よさそうだな！」「利益が上がりそうだな」

「投資したいな」と思う物件を選んで投資することができるのです。

最近は先着方式で募集すると、すぐに定員がいっぱいになるほどの人気です。どうやら、実際に投資をして利益を出した人が再度不動産クラファンに投資をする……というサイクルができているようです。

私も、世田谷の物件に公募開始1分後に応募したのですが、キャンセル待ちになってしまいました。1500人以上がキャンセル待ちしている物件もざらにあります。人気ぶりがわかるかと思います。

●不動産クラファンの仕組みは？

不動産クラファンは、次のような仕組みになっています。

①運営会社が物件を探し、サイト上で投資家から資金を募集する
②物件（ファンド）に興味を持った投資家が出資をする

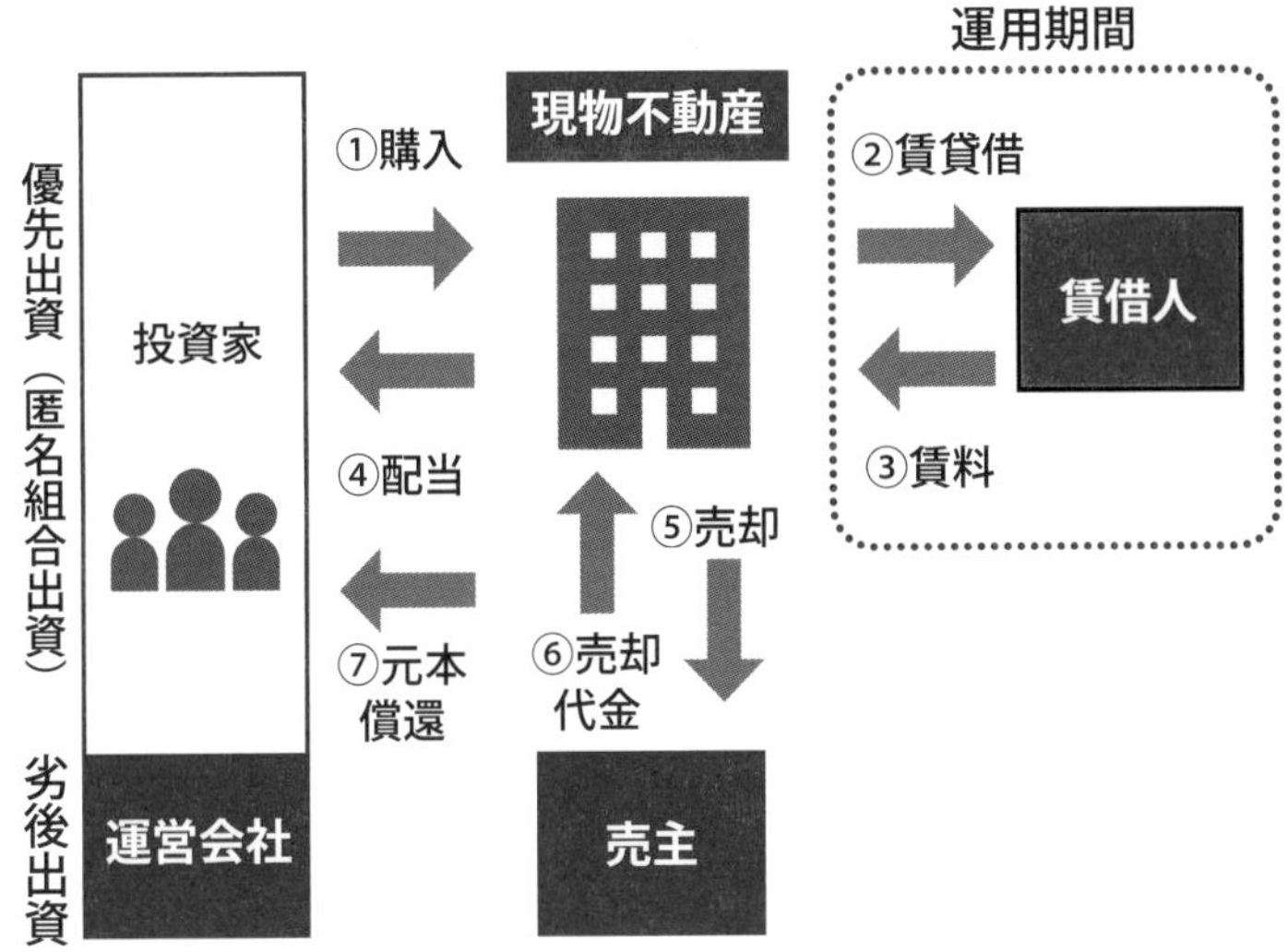

③集まった資金を使って、運営会社が不動産を取得する

④一定期間、運営会社は不動産を運用する（賃貸として貸し出す、不動産の売却など）

⑤運用（賃料、不動産売却益）で得た利益を、出資した投資家に分配する

投資家、つまり私たちは、**サイトを見て、興味がある物件に応募して、出資すればいいだけ。あとは、運営会社がすべて行なってくれます。**

●不動産クラファンの魅力とは？

不動産クラファンはどのような点が魅力でしょうか？

次から見ていきましょう。

①1万円からはじめられる

不動産クラファンは最低投資単位が1万円からと、比較的少額から手軽にはじめられるのも魅力です。

たとえばワンルームマンションの投資だと、1回に1000万円、2000万円と金額が大きいです。それで、借り手がつかなかったり、高く売れなかったりしたら、致命傷を負いかねません。利益も出ず、ローンも返せず……と資産形成においてリスクも高いです。

ですが、1万円なら投資してみようかな、という気になるかもしれませんね。

投資をしたら、あとは放置しておくと、分配金がある場合には定期的に支払われ、最終的に運用が成功した場合には元本も戻ってきます。

「1万円くらい投資しても、元手が少ないので、その分リターンも少なくてあまり意味がないのでは？」と思う方もいらっしゃるかもしれません。

ですが、株式投資（インデックス投資）のリターンが平均3～7％と言われるなか、この**不動産クラファンの物件の利回りは、おおむね10％以上と高いです。**少額でリスクを取るという側面では優れていると言えるでしょう。

②ローンを組まずに不動産投資できる

少額ではじめられるという点にも似ているのですが、個人で投資をする場合はマンションやアパートを1棟とか、一戸建てを一軒など、投資の規模が大きくなりがちです。ですが、不動産クラファンの場合には、好きな物件に「一口1万円で何口」という形で投資できるので、ローンを組むことなく、自分の経済事情に合わせた投資ができます。

また、ローンを組む必要がないので、それにともなうローンの審査や融資の手続き、それから不動産を購入する際の売買契約書の締結、不動産登記などのめんどうな作業は一切不要です。

③不動産のプロが選ぶので確度が高い

この不動産クラファンのいいところは、物件を不動産のプロが選んでいるという点です。目利きのプロが見て、「これはいける」と踏んだ物件に対して公募を行い、みんなでお金を出し合って買うという形なので、自分で不動産投資を行うよりは確度が高いと言えるでしょう。

また、個人ではなかなか手が出せない、不動産関係者でないと買えないような物件も含まれていることがあります。

④収入を予想しやすい

不動産クラファンは収入をある程度予想しやすいです。これが、価格が大きく変動して予想が立てにくいＲＥＩＴとの違いかもしれません。

たとえば、24カ月運用の物件なら、24カ月後に物件を売却する際の最終的な価格と賃貸部分での収入がはじめからある程度見えています。募集の段階から「想定利回り」が設定されているのです。ＲＥＩＴよりも将来予想を立てやすい点でメリットと言えるでしょう。

⑤都内の一等地に投資できる

個人で不動産投資をしようと思ったら、相当な資金がないと、大型物件や都内の一等地には投資できないですよね。どうしても、都心部から離れた場所やニッチな場所を選ばざるを得ないでしょう。ですが、不動産クラファンはみんなからお金を集めて投資をするので、都内の一等地にも投資ができます。特に今、東京の山手線内は地価が上がっていますが、そういった場所の投資を小口に分けてくれるので、都内一等地のオーナーになるのも夢ではありません。

●不動産クラファン①——ヤマワケエステート

https://yamawake-estate.jp/

最近は、不動産クラファンを行っている会社も増えてきていますが、いくつか具体的にご紹介したいと思います。

そのひとつがヤマワケエステートです。実は私もやっています（笑）。

ヤマワケエステートは利回りが高いのが魅力的なポイントです。高い利回りを保ち続けたいと、投資する不動産を厳選しているためか、ほとんど利回り10％以上のファンドばかりです。

一口1万円なので、たとえば、100口100万円入れた場合、7カ月運用で8万円（税引前）になります。毎月1万円振り込まれる計算になりますから、ちょっとしたお小遣いですよね。株式投資では難しい利回りにチャレンジできるのが、不動産クラファンのいいところです。

●不動産クラファン②――CREAL（クリアル）

https://creal.jp/

一方、CREALは「きちんと投資家の方に利益を出してもらいたい」という理念のもと、相当手堅い投資を厳選しています。実際、信頼実績がとても高く、これまでに一度も元本割れも利回り割れもしていないのが強みです。

不動産投資ですから、当然リスクはゼロではありません。ですが、CREALの場合、元本割れを起こしそうなときにはまず、不動産クラファンの会社が先に損失をこうむり、投資家の損失は最後という「優先劣後出資」という仕組みを取り入れています。投資家保護が手厚いです。

また、投資している物件に空きが出てしまった場合、CREALとは別の保証会社が賃料を肩代わりしてくれる「マスターリース契約」を結んでいます。賃料収入が保証されているのは安心ですよね。

このほかにも、COZUCHI や LEVECHY などの会社もあります。

興味がある方はぜひ自分に合ったサービスを見つけてみてください。

第5章のまとめ

- 不動産クラウドファンディングは、2022年頃から人気がで始めた投資手段で、人気急上昇中
- 主な不動産クラウドファンディングサービス……ヤマワケエステート、CREAL、COZUCHI、LEVECHYなど

・不動産クラウドファンディングの特徴
①自分の好きな物件を選べる
②最低投資単位が少額（1万円～）
③不動産のプロが物件を選ぶので確度が高い
④収入を予想しやすい
⑤個人でも都内の一等地に投資できる

■毎月配当金生活を送るには？

毎月、1万円などの不労所得、つまり働かずに得られる「お小遣い」をもらうことができたら幸せを感じる人も多いのではないでしょうか。

そのためには、配当金の出ない投資信託ではなく、「高配当株」を選び配当金をもらうのがいいでしょう。

毎月配当金を得るには、各銘柄の配当月を考慮し、1月から12月まで分散して投資するのが理想的です。ですが、実際には3月に配当金を出す銘柄が多いため、完璧に分散するのはなかなか難しいかもしれません。

であれば、「月1万円」ではなく、「年間12万円」と目標金額を設定するほうがいいでしょう。年間の合計金額を12で割れば、実質的には毎月1万円もらったことと同じになるからです。

コラム

たとえば、年間12万円の配当金を目指すなら、配当利回りを4％とした場合、300万円を高配当株に投資する必要があります。同じように、毎月5万円の不労所得を目指すなら1500万円、毎月10万円なら3000万円の投資が必要になります。

私は現在、年間160万円の配当金を得ており、実質的に毎月13万円の不労所得を得ていることになります。

高配当株は、インデックス投資と比べると、配当金再投資の観点から投資効率が悪いとも言われます。でも、配当金を得ることでモチベーションが上がったり、投資意欲が高まったりするのもまた事実です。この気持ちが資産形成にプラスに働くこともあるでしょう。

毎月の配当金生活を目指すなら、高配当株への投資を検討してみるのもひとつの方法でしょう。ただし、無理に毎月の分散にこだわるのではなく、年間目標を立てて、着実に資産を積み上げていくことが大切です。

第6章

副業での お金の 増やし方

まずは「入金力」をつける――そのための副業

私は、**資産形成のためになにより大切なのは「入金力」だと思っています。**

入金力というのは、自分の収入から生活に必要なお金を差し引いたもので、投資に回すことのできるお金を指します。これが多ければ多いほど、早く資産形成ができます。逆に、入金力がないと資産を形成するのはかなり難しいとも言えるでしょう。

たとえば、毎月1万円を積み立てた場合と毎月10万円積み立てた場合の5年後の資産の増え方で考えてみましょう。

1年目はそれほど差はつきませんが、**2、3、4年……と年月が経つにつれてその差はぐんぐん開いていきます。**というのも、運用額が小さいとそれに比例して利益も小さいからです。株の銘柄を選定したり、積立投信の商品を選んだりする時間を時給に換算して考えてみると、**運用額が小さいほどコストパフォーマンスが悪い計算になります。**

では、入金力を高めるにはどうすればいいか？　ですが、これは自由になるお金がどのくらい増えるか？　にかかってくるわけです。

●まずはしっかり稼ぐ母体をつくろう

入金力をつけるために収入を増やそう！　と考えたとき、投資初心者が陥りがちなのが、株の運用など、「投資だけで稼ぐことを考える」ことです。つまり、利率の高い商品を探そうと躍起になるのです。もちろん、利益率の高い商品を選ぶことは大事です。でも、いくら年利10％の商品があったとしても、運用資金が10万円なら1万円。100万円運用しても、得られる金額は10万円です。年利10％の商品はなかなかの高配当ですし、10万円も貴重なお金であることには間違いありません。ですが、10万円をいくら動かしたとしても得られる利益はたかが知れているというのが本当のところです。一方、1億円出して年利

10％の商品を運用したら1000万円。けっこうな金額になるので、運用のし甲斐がありますね。「入金力がモノを言う」というのはそういうことです。

●月1万円を投資で稼ぐには……

また、投資で月1万円、年間12万円を稼ぐには、どのくらいの資産を持っている必要があるでしょう？

年利4％で運用したとして、300万円ほどの資産を持っている必要があります。月1万円を稼ぐために必要なのは300万円ですから、割と大きな金額ですよね。

では、「毎月1万円稼ぎましょう」と言われたら？　時給1000円の仕事でトータル10時間です。意外と簡単に稼げる気がしませんか？　比較的ハードルが下がるのではないでしょうか。

つまり、**副業で毎月1万円稼ぐ力を身に着ければ、資産300万円を持っているのと同じだけの力を持っていることになるというわけです。**どちらが手っ取り早くて、確実でしょう？　そう、副業で月1万円を稼ぐことですよね。

これが、副業をおすすめする理由なのです。

会社員が手軽に副業をはじめる方法

副業をおすすめする理由がおわかりいただけたかと思います。

次に問題になるのが、「じゃあ、副業、何やればいい？」ですね。

と、ここで多くの方が第一の壁にぶち当たります。

「とは言っても……、私、副業で稼げるようなスキルもないし」

「仕事の取引先にも、副業につながりそうなところはないしなあ……」

そして、そのままストップし、徐々に副業への熱も冷めていってしまうのです。

ここでの敗因はひとつ。自分の仕事の延長上に副業を考えたり、自分の持っている人脈の中から副業になりそうなものを探そうとしたりすることです。

そもそも、**基本的に自分の人脈を使って副業できることなど、ほとんどありません。**


じゃあ、副業はどこで探せばいいでしょう?

答えは、**「ネットを利用して探しましょう」**です。

具体的な方法については、次項でご紹介しますね。

●まずは「何で売上を上げるか?」から

「副業をはじめよう!」と考える人がよく陥りがちなのが、まず副業のスクールに通いはじめることです。

でも、個人的には、それはあまり意味のないことだと思っています。

売上を上げるために必要なスキルなら、たとえお金を払ってでも学ぶ必要があるかもしれません。でも、「何で売上を上げるか？」を決めるより先にお金をかけて勉強をしたところで、実際にやることを決めなければ、売上は絶対に上がらないからです。

売上も上がっていないのに、スクールにお金をかけたら、いきなり赤字です。それより前に、まずは売上が上がるような案件を見つけることからはじめましょう。

まず、何で売上を上げるか？　を見つけ、次にその案件にはどのようなスキルが必要なのか？　を逆算的に考えていくのです。

たとえば、「YouTube の動画編集を副業にしよう」と決める。そうしたら、そのために必要なスキルを考える。動画のカット編集が必要なことがわかったとして、もし、自分にそのスキルがないと感じたら、そのときはじめてお金をかけてスクールに通うことを検討するのです。

YouTube の動画編集を副業にしよう、と決める前に、「なんとなく必要そうだから」「とりあえず受けておくか」という理由から動画編集スクールに通うのは順番が違います。

何かをやって、困ったときにそれを勉強すること。なぜならば、あなたの最終目標は「副業でお金を稼ぐこと」だからです。だったら、極力ムダな支出はしないこと。収入源を見つけ、そのために必要なことをやる。順番を間違えないようにしましょう。

副業はどこで見つける？どう探す？

副業は、自分のツテや仕事の延長から探すのではなく、ネットを活用しましょう、というお話をしました。

では、具体的にはどのようにして見つければいいでしょう？

●クラウドソーシングサイトに登録する

最近は、「クラウドソーシングサイト」と呼ばれるサイトが多数存在しています。

「クラウドソーシング」というのは、一言で言うと不特定多数の人に仕事を依頼する「業務委託」を指します。かつては、学校や銀行、地域の掲示板などに「家庭教師やります」「なんでも屋やります」というチラシを貼って、興味を持った人がチラシに書かれた電話番号やメールアドレスに連絡をするという方法がありました。そのWEB版とでも言えばいいでしょうか。まず、「仕事します！」という人（受注者）と「仕事を依頼したい！」という人（発注者）がいます。受注者は自分のキャリアやスキル、得意分野、「こんな仕事ができます」「こんな実績があります」「いくらでやります」などを登録。一方、発注者は受注者の登録ページを見て、自分の求める仕事内容や金額を確認し、合う人にコンタクトを取って仕事を依頼します。

こういうところから、「自分ができそうだな」と思うものにチャレンジしてみるというのもひとつの方法でしょう。自分が今持っているスキルにちょっと何かをプラスすればできるな、と思えるところを選ぶのがいいでしょう。

●スキルも売上も同時にゲット！

売上とスキルが同時についてくるのが、この副業のメリットだと思います。

たとえば、「文字起こし」の仕事を請け負った場合。はじめは、人が話しているのを何度も聞きながら、一語一句パソコンで打ち込んでいたのが、やがて「文字起こしソフト」を利用することで作業時間の短縮がはかれるようになるかもしれません。

このように、試行錯誤を繰り返しながらやっていくと、仕事の効率化がはかれますね。短時間で納品することができるようになることで、時給単価をアップすることができますし、多くの仕事をこなすことができるかもしれません。こうして、売上も徐々に上がっていくのです。

また、少しずつ仕事をやっていくうちに、もう少し高度な仕事の依頼がくる場合もあります。

たとえば、「動画に文字のテロップを入れてほしい」という仕事がきたとします。何度か対応していたら、そのうち常連さんになってくれることもあります。また、そこから「いつも丁寧な仕事をしてくれるので、もしできるようなら画像の挿入もお願いしたいです」という新規依頼が入る可能性もあります。また、AとBという複数の作業を請け負うことで値段を引き上げる交渉もできるでしょう。こうして、できる仕事の幅ができ、単価が上がってくるということはよくあることです。

それから、「口コミ」も重要です。「この前依頼したあの人、すごくよかったよ」という評判が伝わり、次の仕事につながることもあるでしょう。

こうして徐々に仕事を増やし、単価をアップさせながら、副業収入をアップさせていきましょう。

実際にクラウドソーシングサイトにある仕事は？

クラウドソーシングサイトには、ランサーズ、ココナラ、クラウドワークス、Bizseekなど多数あります。

これらのクラウドソーシングサイトを見てみると、実に多岐にわたる仕事があることがよくわかります。

初心者がはじめやすいところでは、データ入力、文字起こしなどがあります。ほかには、動画編集・作成、WEBデザイン、記事作成・ライティング、アンケートのモニターなどもあります。ほかには、イラスト作成やコンサル、ビジネス代行、占い、翻訳、オンラインレッスンなどなど……。

私も過去に、ココナラを使って動画編集を3300円、ライティングを6000文字3000円で発注したことがあります。

この中から、自分に合いそうな仕事、やってみたいと思う仕事をいくつか見つけてみましょう。

●まずは自分の「同業」となる人の相場をチェック

自分に合いそうな仕事、やってみたい仕事を見つけたら、同じような仕事を請け負っている、同業他社の人のプロフィールや料金を見てみましょう。だいたいの仕事の「相場」がわかるはずです。

次に考えたいのが、「売上がほしいのか」「単価を上げたいのか」です。

もし、時間はあるので、売上は必ずほしいのであれば、相場よりも少し安くして数をこなしていくのもいいでしょう。「これまでに○○件をやった実績があります」とうたうことがアピールポイントになり、将来的に単価アップにつながる可能性もあるでしょう。

「単価を上げたい」「絶対に月3万円ほしい」と考える場合には、「1本あたり3000円」で提示して、月5件の受注だとちょっと心もとなく感じますよね。その場合には、「11本の受注を確約できるのであれば、固定で3万円で請け負います」というような価格交渉をして、確実に売上をものにするという手もありです。

このようにして、自分で自分の仕事に「値付け」をし、収益を上げていきましょう。

いつまでも作業者？副業のレベルをアップさせるために

ある程度、副業に慣れてきたら、仕事内容のレベルアップを考えてみましょう。

作業者から発信者、発注者になることで格段に売上単価は上がります。

●SNSオーナーになろう

たとえば、動画編集を副業にしている場合。あくまでも動画を配信する人の下請け、一作業者としての位置づけになります。そうではなくて、一段ステージアップして、自分が発信する側を目指してみましょう。ユーチューバー、インフルエンサーと言われる、いわゆる「SNSオーナー」になるのです。

特に、今はインターネットの全盛期ですから、動画編集のスキルさえあれば、自分が演者になることは十分可能です。今は、顔出しをしなくてもいくらでも動画配信できます(私もそうです。

●ディレクターになろう

あとは、「ディレクター」になるのもいいでしょう。たとえば、企業や別の個人の方から単価が高い案件を受け、それを単価が安い人に発注をして、自分は品質管理やディレクションに回るという方法です。

動画配信チームを編成するのもひとつの方法です。それぞれ動画編集担当、デザイナー、営業など役割分担を行い、ひとつのチームを組んで、単価の大きな案件を行うのです。

●オンラインサロンは仕事の宝庫？

オンラインサロンなどに参加してみるのもいいでしょう。というのも、特に副業系オンラインサロンなどでは、仕事が生まれることも多々あるからです。「動画編集ができるのなら、つながろうよ」「○○ができるなら、一緒にやらない？」ということも割と普通に起こります。副業を頑張っている者同士で、お互いの仕事を盛り上げていくスタイルです。同じような思いや熱意を持つ人とコンタクトを取ることは副業を続けるモチベーションを保つ効果もあっていいですね。さらに、仕事が見つかったら最高です。実際、私も誰かのオンラインサロンに入って、出会った人に動画編集や画像の作成をお願いすることが多いです。

稼ぎ方がわからない！という人へ

とはいっても、「稼ぎ方がわからない」という方もいらっしゃるでしょう。

そのような方にひとつぜひお伝えしたいのは、「どうせ自分は稼げないよね」と勝手にあきらめないでほしい、ということです。

●まずは「とりあえずやってみる」

道端でお酒を飲んでしゃべり、その様子をライブ配信して月４万円ほど稼いでいる人もいます。「そんな内容でお金を稼げるの？」と思う人もいるのではないでしょうか。世の中、誰が何をどう評価しているかわからないものですよね（笑）。

「動画配信」というと、つい「きちんとしたことを話さなければ」と構えがちですが、視聴者は必ずしもきちんとした内容ばかりを求めているわけではないということです。

だから、自分で「これはダメだ」「こんなのでは無理だ」と自己規制したり決めつけたりせずに、とりあえずやってみましょう。

それから、よく、やる前にまず勉強をしようとする人がいます。でも、順番が逆です。まずやってみて、足りないものを見つける。勉強はそれからです。動画編集の案件を受けたら、テロップ編集のスキルが必要だった。だからテロップの入れ方を勉強しよう、という順番でやってみましょう。まずは行動を。

●時間をかけたコンテンツづくりを

たとえば、ブログやYouTubeで収益を上げようとする場合、ある程度にいくまでには、正直時間がかかります。ですが、一度軌道に乗れば、自分が働いていない時間も勝手に収益を上げてくれるというメリットがあります。

私のYouTubeチャンネルで、登録者数が10人を超えるまでには1カ月半かかりました。その後、3カ月で登録者数100人、半年後には登録者数1000人を超えました。ただ、そこにいくまでにはなんどか心が折れかけました。ですが、そこであきらめずに頑張り続けたからこそ、今では登録者数44万人になり、会社を辞めてFIREした今の重要な収入源になっています。

ここまでいかないにしても、副業してある程度の収入を得たいと考えるのであれば、「すぐに稼ごう！」と焦るのではなく、少し時間をかけてじっくりコンテンツを積み上げていきましょう。

ブログ――ふたつの稼ぎ方

ブログは、比較的初心者でもはじめやすい副業のひとつです。

ブログの稼ぎ方には大きく2種類あります。

●Googleアドセンス

ひとつは、Google のアドセンス収益です。アドセンスというのは、Google が自動で配信する広告機能です。ブログ内に広告が表示され、それがクリックされると、1クリックいくらかのお金がブログオーナーに入る仕組みになっています。

まずは、自分のブログを立ち上げることからはじめましょう。現在、Google アドセンスは Ameba などの無料ブログには設置できないので、自分でサーバーをレンタルし、自分のドメイン（アドレス）を取ってからはじめましょう。ちなみに、私は「ロリポップ」というレンタルサーバーを使い、「pontiyo.com」というドメインを取りました。費用は月額でコースによって99円〜440円ですから、さほど負担にはならないはずです。

「ブログの作成は難しいのでは？」と思う方もいらっしゃるかもしれませんが、WordPress という、無料でWebサイトを作成できるソフトを使えばできます。

Googleアドセンスに登録するためには、サイトの審査を受ける必要があります。独自性があるもの、ユーザーの役に立つ内容、ニーズに応えたものなどが重視されます。そのほか、利用規約を遵守した記事であること、記事が一定期間掲載されていること、記事が定期的に更新されていることなどを踏まえて審査されます。

なかなか審査が通らない、という話も聞きますが、私の場合には**「誰かの役に立つこと」**と**「自分が興味のあること」「最近ネットで検索したこと」**などを意識しながら、1000文字程度の記事を10本くらい定期的に発信したあとに審査申請。無事合格しました。結果が出るまでに数時間から数カ月かかる場合もあります。

審査に合格したら、ブログにGoogleアドセンスを設置しましょう。

●副業のド定番・アフィリエイト

もうひとつはアフィリエイトです。アフィリエイトはよく聞く言葉かもしれません。ある意味、副業の定番とも言えるかもしれません。

アフィリエイトとは、ある商品やサービスを紹介することで報酬をもらうものです。ブログでその商品を紹介してその商品の購入ページへのリンクを貼ったり、あるサービスについて記事を書き、そのサービスの登録ページへのリンクを貼ったりします。

閲覧者が自分が貼ったリンク先から飛んで、商品を実際に買ったり、サービスに登録したりすることである一定の金額を得ることができる仕組みです。

ブログやYouTubeなどで使うことができます。

ライティングスキルがある程度あるという方なら、自分でブログを立ち上げて、アフィリエイトの商品を紹介するのもいいでしょう。私は、法によって何らかの規制が入らない限り、アフィリエイトはすたれることのない方法だと思っています。

アフィリエイトを始める場合には、ＡＳＰ（アフィリエイトサービスプロバイダ）と呼ばれるサイトにまず登録します。A8.net、アクセストレード、もしもアフィリエイト、afb、バリューコマース、Amazonアソシエイト、楽天アフィリエイトなど、多数あります。

それらのサイトに掲載されている商品やサービスの中から、自分が紹介したい案件を見つけたら、リンクを発行。自分のブログ記事の中にURLを貼り付けて完了です。

そのほか、YouTubeやインスタグラムの場合には、ある程度フォロワーが増えてくると（1万人以上くらいから）、企業からの広告案件などがくる場合があります。特に企業案件などが舞い込みやすいジャンルとしては、パソコン解説系、サプリ解説など、ニッチな分野、特化した分野であればあるほど、企業からの案件もきやすいでしょう。

副業を見つけるうえで一番大事なこと

副業を見つけるうえで大事なのは、「自分はこれで稼ぐ！」と最初から決めつけるのではなく、複数の候補をピックアップして**「まず試してみる」「チャレンジしてみる」**ことです。

私は現在おかげさまでYouTuberとして活躍していますが、はじめからYouTube1本だったわけではありません。最初は、ブログをはじめました。ですが、「ブログだけではなく、ブログに書いた内容をそのまま動画にしたら、コストもかからず、比較的に楽に作成できるのでは？　収入源も増えるかもしれないし」という気持ちでYouTubeをはじめることにしました。

●やりながら絞り込んでいく

実際にYouTube動画の作成、配信をするうちに気づいたことがあります。「自分はブログで文字を書くよりも、動画を作成、配信するほうが好きかも！」

こうして、徐々にブログからYouTubeにシフトしていき、YouTubeにかける時間を増やしていった、という経緯があります。

みなさんも、「これで稼ぐ！」とはじめから副業をひとつに絞り込むのではなく、まずはあれもこれも……でいいので、いろいろなことにチャレンジしてみましょう。その中から、自分が楽しめるもの、「これならやれそうだな」と思えるものを見つけていきましょう。

第6章のまとめ

- 資産形成で重要なのは「入金力」＝収入から生活費を引いた、投資に回せるお金
  ↓入金力が多いほど、早く資産形成ができる
- まずは副業で収益力を身につける
- 副業で月1万円＝資産300万円を持つのと同等の力がある
- 副業はネットで探す
- クラウドソーシングサイトを利用しよう
- 作業者から発信者、発注者（SNSオーナー、ディレクター）にレベルアップを目指そう

コラム

FIREってどうなの？

本文中にも何回か書きましたが、本やテレビなどでも「FIRE」という言葉を聞くこともあるかと思います。

私もFIREしたひとりです。

FIREとは、Financial Independence, Retire Early の略語で、「経済的自立を確立し、早期退職を目指すムーブメント」です。近年、投資をはじめた人や会社を辞めたい人には特に注目を集めています。

FIREには、2種類あります。ひとつは退職後に一切働かない「フルFIRE」、もうひとつは退職後も副業などで働く「サイドFIRE」です。

ちなみに、**私は1億円の資産を保有していますが、YouTuberとして活動しているため、一応は仕事もしているため「サイドFIRE」の状態です。**

完全に仕事を辞めて生活するには、少なくとも5000万円以上、理想的には1～2億円の資産が必要です。「サイドFIRE」のほうがより現実的かもしれません。3000万円の資産で年間120万円の不労所得が得られますから、FIREのひとつの目安とも言われています。

私が「サイドFIRE」として仕事を続ける理由は、配当収入だけでは少々物足りないからです。1億円の配当収入だけで生活すると、年利4％で考えた場合、年収400万円。さらに税金が引かれると実際には年収300万円ほどになります。毎月25万円の不労所得があるのはもちろんありがたいことですが、もう少しプラスアルファがあるといいな、という理由もあります。

また、講演会に呼んでもらえたり、本の出版の話をいただいたり……とYouTubeなどの仕事を通じて得られる出会いや楽しみがあるからです。

コラム

FIREの目的は人それぞれだと思います。ですが、**単に会社から脱出したいという思いだけでFIREを目指すのはやめたほうがいいでしょう。退職後にやりたいことが明確でないからです。もし、今の会社が嫌なら転職をおすすめします。**

実際に「FIREしてよかったな」と思えるのは、時間の自由が利くことです。土日の混雑を気にせず、平日に旅行ができるし、日曜のフライトがいっぱいなら、月曜日のフライトに変更することも可能です。

もしFIREに憧れを抱いている人は、一度、自分にとって、FIREが必要なのか？それとも、ほかの選択肢があるか？　を考えてみてもいいかもしれません。そして、「FIREしたいな」と思ったら、FIREする！　という目的で投資や副業を頑張るというのもいいでしょう。

第7章

稼いだお金を失うな！お得＆節税戦略

節税+節約の一石二鳥!? ふるさと納税

皆さんは、ふるさと納税をしたことがありますか?
ふるさと納税は、各自治体への寄付をすることで寄付した先の名産品を返礼品としてもらうことができます。また、控除上限額内なら、寄付した金額から2000円を引いた金額が所得税と住民税から控除される仕組みになっています。控除金額の上限は、その方の収入や家族構成によって異なるので調べてみてください。

返礼品は、お米、肉、魚、加工品、野菜・果物などのほか、トイレットペーパーやその土地の特産品などがある場合も。

ちなみに、私が頼んでよかったと思った返礼品は、ビタミンのサプリメントとパックご飯、それからホテルの宿泊優待券です。お米のパックはひとり暮らしなのでお米を炊く手間がはぶけて楽になりました。また、ホテルの宿泊優待券はほぼ現金のような感覚で使うことができました。

それから、私はマラソンが趣味なのですが、ある県の返礼品にマラソンの出場権を見つけたときには「ふるさと納税をやっていてよかった！」と思ったものです（笑）。

●申し込みは年末が吉？

最近は、さとふる、ふるさとチョイス、楽天ふるさと納税など、ふるさと納税サイトが多数あります。では、いつ頃申し込むのがお得でしょう？

一般的には、年末が近づくにつれて、キャンペーンが増える傾向にあります。還元率が上がったり、ギフト券が当たったりします。この時期は特にねらいめと言えるでしょう。

また、楽天ふるさと納税などでは、楽天マラソンなどキャンペーン期間が定期的にありますから、その時期をねらうといいでしょう。

●利用するサイトは毎年変えよう

では、どのふるさと納税サイトがいいでしょうか?

正解は「特定のサイトはない。毎回、サイトを変えよう」です。

ふるさと納税の返礼品の還元率自体は、どのふるさと納税サイトでもほとんど変わりはありません。そこで、**ねらうべきは「初回限定の特典」です。**

どのサイトでも初回サービスは手厚いことが多いです。ですから、毎年新しいサイトを見つけて申し込み、初回サービスを利用するのです。これは実質的な節税につながりますので活用しない手はありませんね。

●冷凍食品にはご注意を

ここで、注意したほうがいい点をひとつ。返礼品の「量」に気をつけましょう。特に、冷凍食品には十分気をつけて。私は以前、1万円分のふるさと納税で、3000円分の冷凍カツオのたたきセットが送られてきたときに、送られてきた量にぶったまげました。普段、３０００円分のカツオ刺身など買わないから頭がバグってしまうんですよね。ほかには、冷凍ハンバーグを頼んだら、20個一気に届いて冷凍庫におさめるのが大変だったとか、肉がドカンと送られてきて、冷凍庫がいっぱいになってしまった、なんていう話もよく聞きます。

「分量が心配」「一気に届いたら冷蔵庫に入りきらない」という方は、毎月一定量届く定期便サービスなどを利用してもいいかもしれませんね。

iDeCoと企業型DCについて

ＮＩＳＡをはじめたから、これからiDeCoをはじめてみようかな、という方もいらっしゃるかもしれません。

また、お勤め先で企業型ＤＣ（企業型確定拠出年金）をやっているけれど、どんな商品を選んだらいいかわからない、という場合もあるかもしれません。

●そもそもiDeCo・企業型DCの仕組みって？

iDeCoも企業型ＤＣも、どちらも「私的年金」と呼ばれるもののひとつです。

ここで少し、年金制度についてお話ししますね。

私たちが受け取れる年金は3階建ての構造になっています。

1階部分にあたるのが、「国民年金」。基礎年金、老齢基礎年金とも言われ、20歳から60歳までの全国民に支払いの義務があります。

2階部分にあたるのが、「厚生年金」。これは会社員や公務員などが加入するもので、上乗せ年金と言われます。フリーランス、アルバイト、フリーター、学生、無職の方は国民年金のみになります。

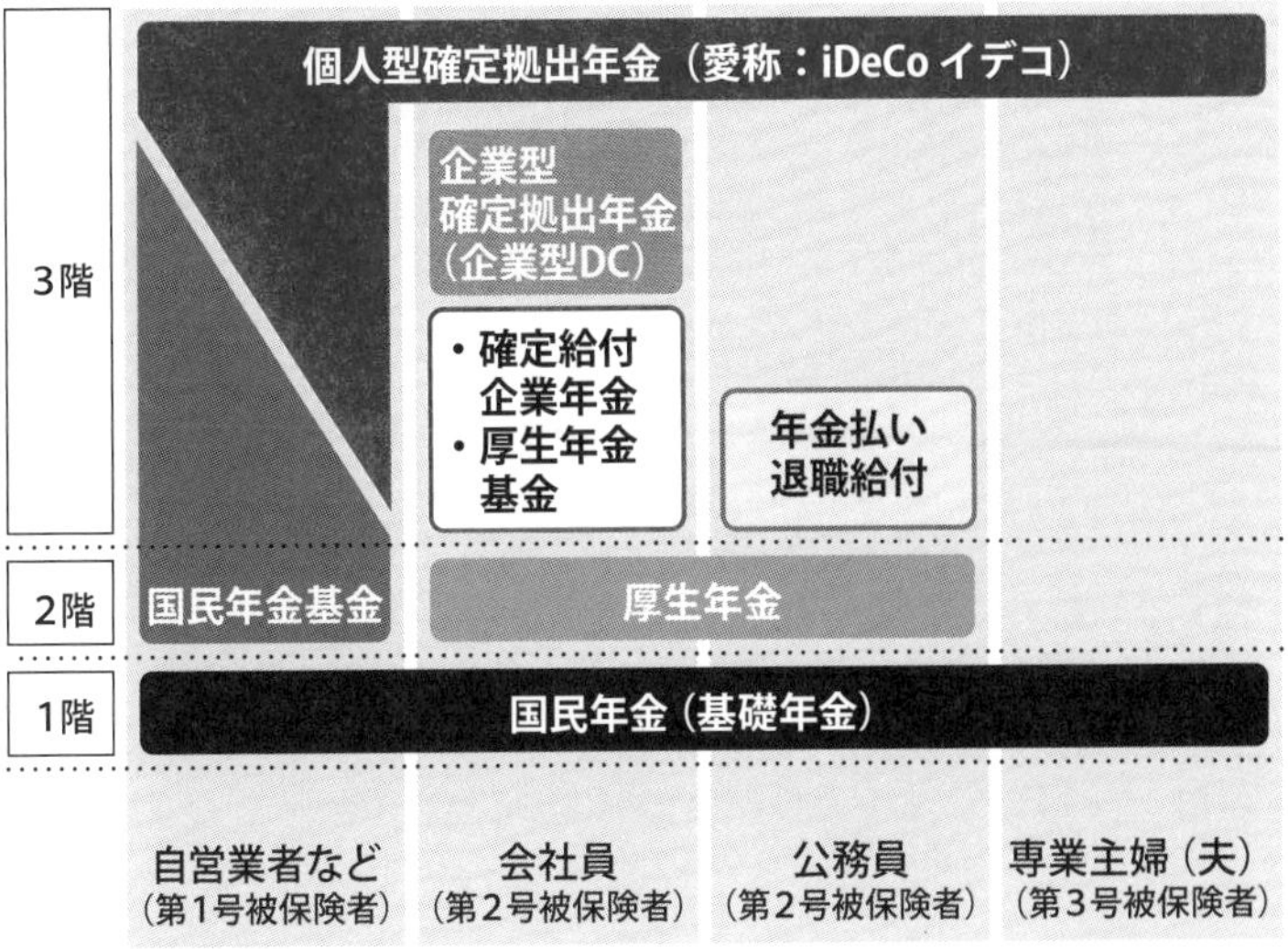

そして、iDeCoや企業型DCなどの私的年金は3階部分にあたります。個人や企業で個別に加入する年金です。具体的には、iDeCo、企業型DCのほか、国民年金基金や厚生年金基金、年金払い退職給付などがあります。

●個人型確定拠出年金 iDeCo

iDeCoは「個人型確定拠出年金」と言われます。公的年金にプラスして自分で加入する私的年金のひとつで、国民年金基金連合会が運営しています。

　加入できるのは、20～64歳までの厚生年金に加入している人と国民年金に任意加入

<table>
<tr><td></td><td colspan="4">会社員など第２号被保険者</td></tr>
<tr><td></td><td>企業型DCのみに加入</td><td>企業型DCとDBに加入</td><td>DBだけ加入（公務員を含む）</td><td>企業型DC、DBのいずれにも加入していない</td></tr>
<tr><td>22年9月まで</td><td colspan="2">会社が企業型DCの上限額を引き下げたときだけ併用可（併用可能企業は数%）</td><td rowspan="2">1.2万円</td><td rowspan="3">2.3万円</td></tr>
<tr><td>22年10月〜</td><td>２万円かつ企業型DCの会社掛け金と合算して5.5万円以内</td><td>1.2万円かつ企業型DCの会社掛け金と合算して2.75万円以内</td></tr>
<tr><td>24年12月〜</td><td colspan="3">２万円かつ会社掛け金（企業型DCとDBの合計）と合算して月額5.5万円以内</td></tr>
</table>

出典：日本経済新聞

している方と、59歳までの国民年金加入者です。

個人事業主で、厚生年金がないから年金に不安という方や節税対策として行っている方もいらっしゃいます。

年間の掛け金の上限は、第一号被保険者と呼ばれる自営業、フリーランス、学生などの方が月６万８０００円（年間81万６０００円）、第2号被保険者と呼ばれる会社員は、企業年金のない方の場合月２万３０００円（年間27万６０００円）、企業型ＤＣがある方の場合月２万円（年間24万円）、公務員は月１万２０００円（年間14万４０００円）となっています。ですが、２０２４年12月からは、公務員は月

2万円（年間24万円）に掛け金の上限が引き上げられます。

●企業型DC（確定拠出年金）

企業型DCとは「企業型確定拠出年金」のことです。会社の制度として取り入れている場合に利用できます。運用商品自体は自分で選ぶことができます。自分で選んだ商品によって、退職時に支給される金額が変わってきます。

iDeCoと企業型DC、どう違う？

iDeCoと企業型DCの違いはずばり、「個人型」の確定拠出年金か？「企業型」の確定拠出年金か？　です。どちらも確定拠出年金であるのは同じです。

	企業型DC	iDeCo
運営主体	勤め先企業	本人
引き出し	60歳まで不可	60歳まで不可
運用できる金融機関	指定金融機関	自分で選択
投資商品	指定金融機関の投資信託など	自分で選択した金融機関の投資信託など
節税メリット	所得税・住民税・社会保険料	所得税・住民税
投資課税	運用期間中は非課税（受取時も税制優遇）	運用期間中は非課税（受取時も税制優遇）
口座維持手数料	会社負担	本人負担

iDeCoは個人型ですから、自分で金融機関や投資商品を選び、運用します。

企業型ＤＣは企業型ですから、運営の主体は勤め先の企業です。金融機関も投資商品も会社指定の中から選びます。

口座維持手数料は、iDeCoは本人負担、企業型ＤＣは会社負担になります。

節税のメリットとしては、どちらも**所得税と住民税が控除**される点です。企業型ＤＣの場合はさらに社会保険料が控除になる場合もあります。また、運用期間中は非課税、受け取り時も税制が優遇されます。

もし企業型ＤＣがある場合には税金や手

特殊な商品ラインナップ事情・一覧表

元本確保型	保険	
	定期預金	外貨
		日本円
元本変動型	債券	
	株式	
	ターゲットイヤー型	

数料負担などの面でお得な場合が多いです。

一方、iDeCoの場合には自分で手数料の安い商品を選ぶことができるのはお得かもしれません。企業型ＤＣは選べる商品数が限られる場合が多いです。

iDeCo、企業型ＤＣいずれの場合も、60歳まで引き出せないことから「長期運用」が大前提となります。

●特殊な商品ラインナップ事情

iDeCoと企業型ＤＣの場合は、新ＮＩＳＡと異なり、少々独特な商品ラインナップになっています。

選べる商品にはまず、大きく2種類あります。

元本に利子がついてくる**「元本確保型」**と上手く運用すれば大きなリターンがあるけれど、場合によっては減ってしまう可能性もある**「元本変動型」**です。

元本確保型のほうは、保険や定期預金などがあります。

元本変動型のほうは、債券や株式、ターゲットイヤー型と呼ばれる商品があります。

ターゲットイヤー型というのは、たとえば「２０３５年」など、目標となる年をあらかじめ設定します。そして、その年に向けて、自動的にポートフォリオを変更していくというものです。

20代や30代の若いうちは株式の比率を高くして、ハイリスクハイリターンなポートフォリオですが、目標となる年が近づくにつれて安全で確実な債券の比率を高めていき、リスクを軽減してくれるというものです。

●元本確保型にもリスクあり

「元本が確保されるなら、リスクもなくていいのでは？」と思うかもしれませんが、元本保証と元本確保はちょっと違うので注意が必要です。

元本保証はいつ解約しても元本が戻ってきますが、「元本確保」の場合は途中解約すると、手数料などがかかり、元本割れしてしまうことがあります。元本確保型の商品にもリスクがあるということを忘れないでください。特に、確定拠出年金の場合には、60歳まで引き出せないので、資金的に余裕がある場合のみにしたほうがよさそうです。

これは損！　気をつけたい確定拠出年金商品選び

では、どのような商品を選べばいいでしょう？　商品によってはかえって損をしてしま

iDeCoや確定拠出年金ではリスクをとるべき？

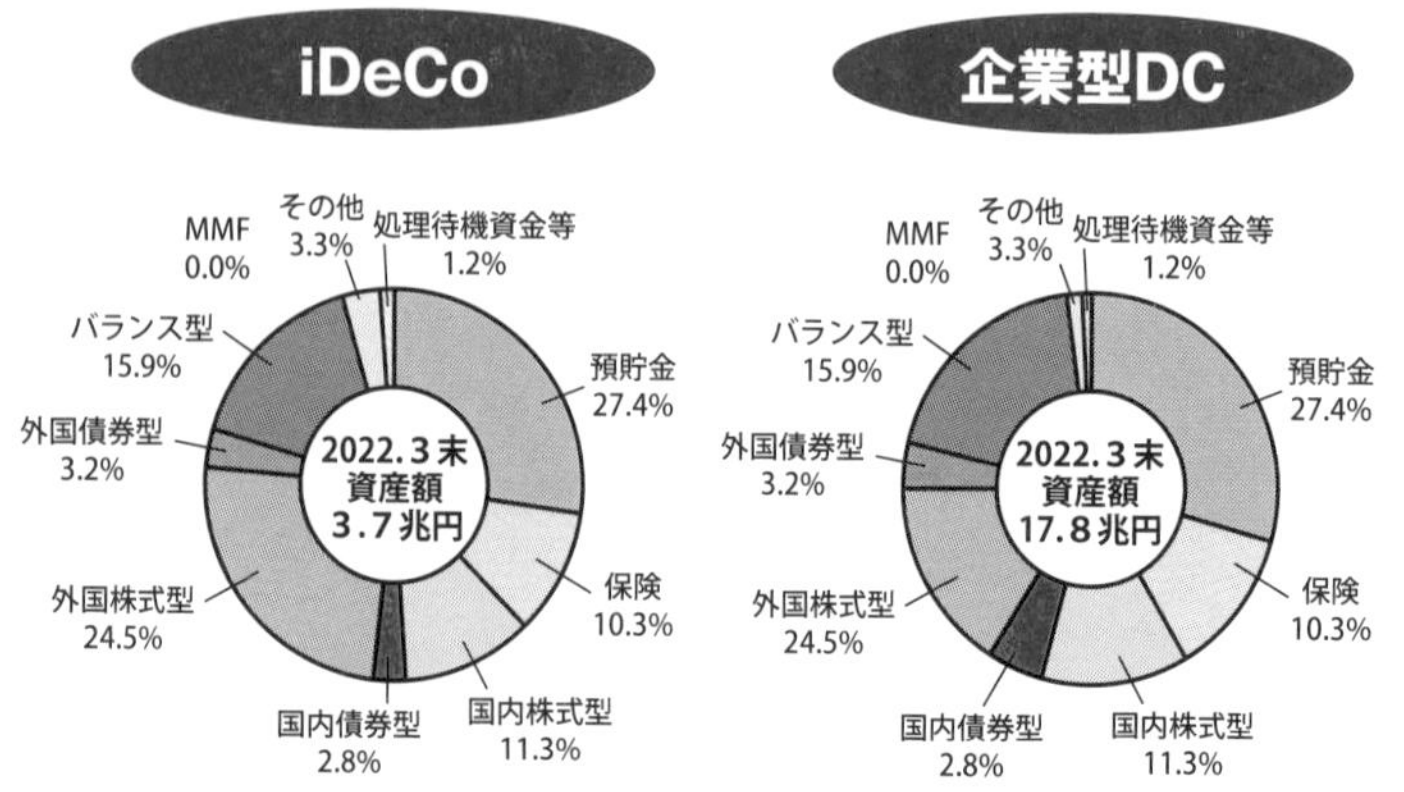

出典：確定拠出年金統計資料（2022年3月末）

うものもあるので、商品選びには注意が必要です。

上の表を見てください。

iDeCoと企業型DCを実際に買っている方の商品の内訳です。どちらも預貯金と保険を買っている方の割合が約4割で、株式などの投資をしている人が少ないことがわかります。

これはものすごくもったいないことなのです。

たとえば、「確定拠出年金専用定期預金」の利率を見てみると、0・025％。つまり、100万円預けても利息は年間250円にしかならないのです。

しかも、iDeCoの口座管理手数料は安くても年間2052円かかります。つまり、250円を得るために年間2052円以上かかってしまうということ。これでは完全な赤字ですよね。

また、保険商品の場合も定期預金よりはまだ少しだけ利率が高いですが、それでも0・1％前後の商品が多いです。インフレ率は2％ですから、とても負けない投資とは言えないでしょう。

また、「利率保証年金」と呼ばれる商品にも注意が必要です。先にもお話ししたように元本〝保証〟ではなく元本〝確保〟なので、途中解約すると元本割れを起こしてしまうこともあります。また、「保険商品」という分類ですが、生命保険商品のように、死亡保障や医療保障の機能は備わっていません。あくまでも貯蓄メインの商品であることも忘れないでください。

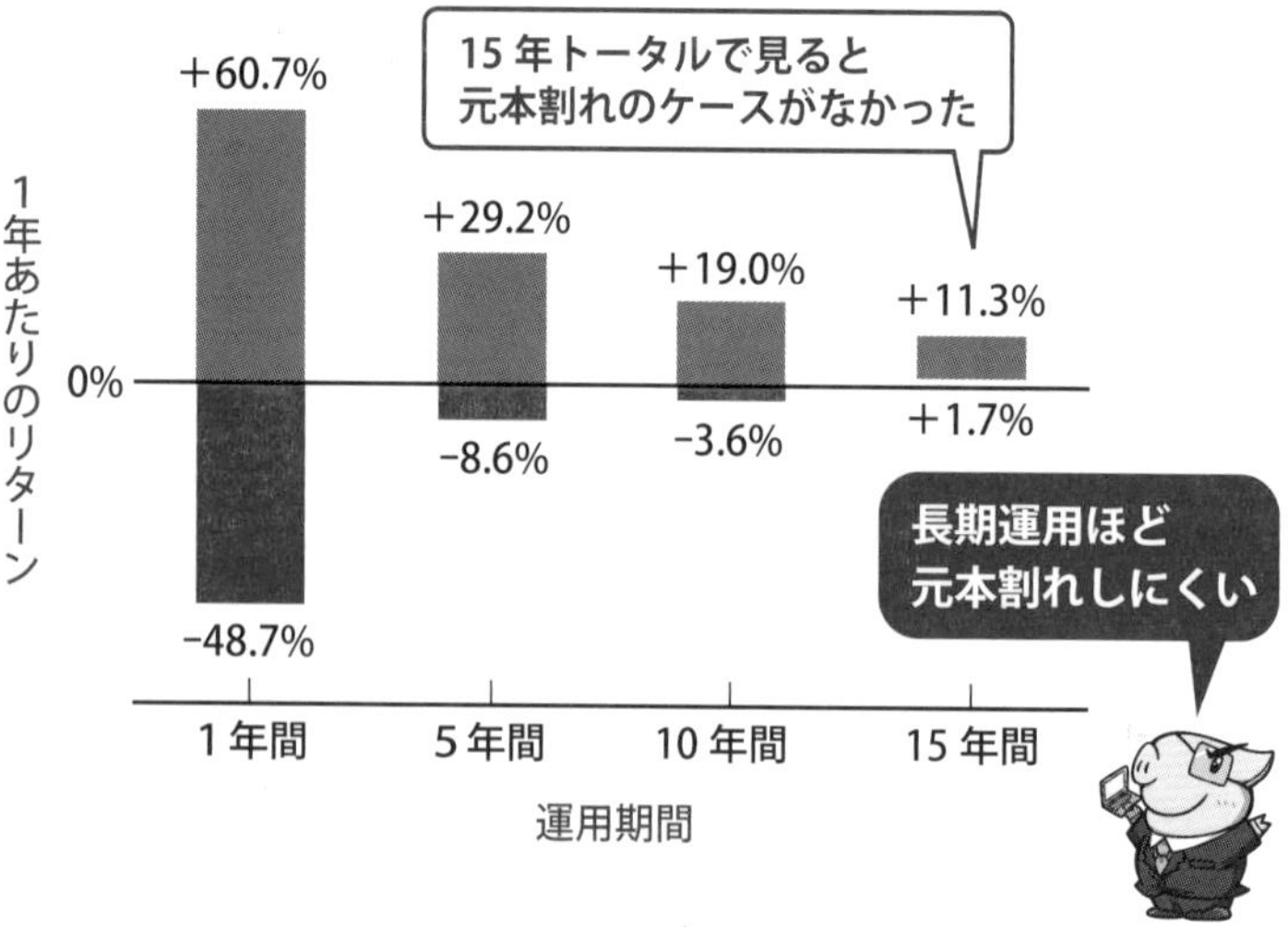

●では、おすすめの確定拠出年金商品は?

では、どのような商品が確定拠出年金に向いているのでしょうか。

「投資信託でリスクを取るのは怖い」と思う方もいらっしゃるかもしれません。ですが、**株式投資は長期運用ほど元本割れのリスクは減ります。**

「S&P500」という商品を運用した期間に応じてリターンの期待値を比較したところ、短期運用の場合、リターンの幅は−48・7%から+60・7%までと大きな変動幅が出ました。

ところが、長期運用を続けていくうちに、元本割れのリスクは下がっていきます。10年投資し続けていると、リターンは悪くても年率－3・6％に。**15年を超えると、1988年以降元本割れしたケースが一度もなかったということが過去のデータからわかっています。**

確定拠出年金は60歳まで引き出せないので、**長期運用が大前提です。ということはつまり、長期運用するほど元本割れのリスクが減少する投資信託との相性はとてもいいのです。**

一番の商品はやはり「株式投資」です。

なかでも、海外株式（先進国や全世界）のインデックスファンドで、低コストの商品がおすすめです。

特に、企業型DCの場合には、手数料をよく確認しましょう。私の元職場には企業型DCがあったのですが、国内インデックスファンドの手数料が1・0％、海外インデックスファンドの手数料が2・0％とものすごく高かったのです。これでは、いくら利益を出しても、手数料に多くを取られてしまいますよね。どうかよく比較してくださいね。

●債券

債券は株式よりローリスク、ローリターンです。確実性を取りたい、50歳以降の方は株式と一緒に織り交ぜていくのもいいかもしれません。60歳まで年数がある20代、30代の場合は、株式のほうがリターンが狙えるでしょう。

●ずばり！ iDeCoとNISA、どちらがおすすめ？

「iDeCo とNISAはどちらがおすすめですか？」という質問をよく受けます。特に、これから投資をはじめる方は「どちらを優先しよう？」と考えるかもしれません。

節税効果の高さで言えば、iDeCo に軍配です。運用している利益が非課税になるだけでなく、積み立てた掛け金が全額所得控除になるからです。

ただし、iDeCoの場合には繰り返しになりますが60歳になるまで引き出せない点はデメリットでもあります。

今後、育児、マイホーム購入などライフステージが変わっていくことが予想される方の場合には、いつでも引き出せる新NISAからはじめてみるのがいいのではないでしょうか。

副業で稼いだ時は青色申告

副業で安定的に収入を得るようになったら、ぜひ青色申告をしましょう。

副業の申告方法には「白色申告」と「青色申告」の2種類があります。私のおすすめは「青色申告」です。

●青色申告のメリットは？

青色申告の最大のメリットは、最高65万円の控除を受けられることです。

また、たとえば30万円未満のものを買った場合、年間３００万円まで全額購入した年の費用として一括償却できます。たとえば、15万円のパソコンを買った場合、全額その年の費用にできるのです。また、赤字の場合には給与所得と相殺することができます。

とはいえ、青色申告にはデメリットもあります。それは、帳簿づけが「複式簿記」と複雑になる点です。白色申告と比べると面倒に感じるかもしれません。ただ、今はフリーやマネーフォワードなどのすぐれた会計ソフトが自動で作成してくれるので、さほど難しくはありません。それらを使えば確定申告も簡単ですから、使わない手はないでしょう。

また、初年度は税務署に「青色申告承認申請書」を提出し承認を得る必要もあります。

とはいえ、長く副業を続けるなら、やはり青色申告一択だと私は思います。いざ副業が軌道に乗り、年間１００万円、２００万円と稼げるようになったとき、先の特典が役に立ちます。

今や「青色申告承認申請書」は電子申請もできますが、意外と操作が面倒なので、個人的には申請用紙を印刷して提出した方が楽だと思います。

●副業をはじめるなら、早めの青色申告を

経験上、副業の初期はそれほど経費もかからないものです。だからこそ、早いうちから青色申告に慣れておくといいでしょう。

「副業でしっかり稼ぐぞ！」と考えている方は、時間のあるうちに早めに青色申告をしておいてもいいかもしれませんね。

おすすめしない節税は？

よく「これは節税対策にいいですよ！」といううたい文句を見たり聞いたりしますよね。それらは、本当に節税になるのでしょうか？　飛びつく前にちょっと注意が必要です。

●ワンルームマンション投資

そのひとつが、ワンルームマンション投資。「ワンルームマンション投資は節税対策になりますよ」と言われることはよくあります。ですが、実際にはローンを組み、自分の現金を減らして赤字になっているから、結果的に節税になっているだけ。赤字になっている時点で損失を被っているので、あまり意味がないと思うのです。

実際、投資用にワンルームマンションを購入したものの、空室が出たり、さらに地価が下がったりして、なかなかローンが返済できず、結局これ以上赤字を拡大させないためにと、購入金額よりもかなり安い金額で売却して「損切り」した方もいます。

マンション投資は投資金額も大きいですし、しかも赤字にするのは節税とは言えないような気がします。

●生命保険料控除

また、積立年金保険や一般医療保険などの保険商品も「生命保険料控除があるから節税対策になりますよ」と言われることもあるでしょう。

加入しておきたい保険に入り、それが結果として節税になっているのはいいと思います。ですが、**節税目的のために、本来ならば必要ではない保険に加入するのはやめましょう。もし、節税したいのであれば、保険料にあてる金額を投資に回して資産形成をしたほうがずっといいと私は思います。**

私は、自動車も保有していないため、保険と名の付くものは火災保険だけしか加入していません。賃貸アパートに入居する際に絶対につけないといけないからです。生命保険のたぐいには加入していないのです。会社勤めをしていたときは、新入社員の頃、団体保険に一斉加入させられました。当時はよくわかっていなかったのですが、保険について勉強していくうちに、「たしかに節税にはなっているけれど、それだったらこの保険料分を投資に回したほうがよくない？」と思いはじめたのです。

独身で子どもがいたわけでもないから、自分に万が一のことがあった場合に、遺産を残す必要もありません。死亡保険の受取人は親。「これって、何のための保険なのだろう」と疑問に思うようになりました。結局、会社を辞める際にはその保険も解約しました。以来、死亡保険や医療保険には一切加入していません。

●資産があれば保険はいらない

実は、**資産の規模が大きくなればなるほど、保険に入るメリットがなくなります**。保険はそもそも、大きな支払いで払いきれないものをみんなでほう助して払うという仕組みです。資産があれば、保険に加入していなくてもお金が払えるので不要というわけです。

生命保険に似た形に「レンタカーの保険」があります。レンタカーの際に１１００円〜２３００円程度の保険を掛ける仕組みになっています。私はこの保険には加入しません。というのも、保険をかけなかった場合でも、支払いは最大20万円までと決まっているからです。

大学生の頃は、この万が一の20万円を支払える自信がなかったので、保険料を支払いました。ですが、**今は万が一事故ってしまったら20万円払えるし、そもそもそこまで事故を起こす確率は高くないよね、と思っています**。

だったら、起きないものに１１００円でも払うのはもったいない。起きたときに払えばいい、という考えです。たとえ１０００円ちょっとだとしても、ムダなものに支払っても意味がない、と考えるのです。

これは、ある程度資産が形成されたからこそ持てる考えではあります。資産形成されると、使うかどうかわからない、言ってみれば余計な保険に加入しなくても、支払いを心配することなく生活ができると思うのです。

第7章のまとめ

- ふるさと納税は、各自治体への寄附で、返礼品や税金の軽減にも
- ふるさと納税サイトは、年末のキャンペーンや初回限定特典がねらいめ
- iDeCoは個人型、企業型DCは企業型の確定拠出年金。どちらも所得税と住民税が節税に（企業型DCは社会保険料も減少する場合も）
- 元本確保型は元本保証ではない！　商品によっては途中解約などで損するものもあるので注意
- 確定拠出年金でのおすすめは「株式投資」（海外株式のインデックスファンドで低コストの商品）
- 長期運用×確定拠出年金と相性はバツグン

コラム

投資をはじめると節約が進む？

投資をはじめることで、実は節約も自然と進むようになるという考え方があります。

例えば、30万円のブランドバッグを買おうとしたとき、投資経験のない人にとっては、その30万円の価値は単に「30万円」でしかないかもしれません。

しかし、投資をはじめて複利の力を知っている人は、「その30万円を投資に回せば、年利5％で運用した場合、翌年には31・5万円に、10年後には約50万円の価値になる。だったらバッグを買うより、投資をしたほうがお得なのではないか？」と考えるようになるのです。

つまり、**投資経験者は、そのバッグを買うことが将来的にどれだけの資産損失になるかを意識するようになります。その結果、「本当にその買い物に価値があるのか？」を慎重に考えるようになり、自然と節約意識が高まっていきます。**

このように**目先の金額ではなく、このお金があったら1年後、5年後、10年後どのように変わっていくか？　を考える習慣がつくと、自然と大きな出費を控えるようになっていくのです。**

また、投資をはじめるためには、通常、生活費の6カ月分から2年分の生活防衛資金の確保が重要です。でも、確保する前に、そもそも「自分の生活費は月いくらなのか？」を正確に把握しておかないといけないですよね。その把握のために家計簿をつけることになりますが、家計簿が結果的に節約につながります。

このように、投資と節約は密接に関係しています。

投資をはじめることが節約意識を高め、賢明な消費生活につながっていくのです。投資をはじめるハードルは高いと思われがちですが、実はそれが節約の大きな一歩にもなり得ます。投資は、将来の資産形成だけでなく、日々の生活をより豊かにすることにもつながるでしょう。

おわりに

ここまでお読みいただき、ありがとうございます。

本書を読んで、「よし、投資で稼ぐぞ！」と燃えてきた方もいらっしゃるかもしれません。そう感じていただけたらもちろんうれしいです。

ですが、それだけではなく、投資は資産形成のひとつの武器にすぎないこともわかっていただければ、と思います。


投資の源泉となっているのは本業、働いて仕事をして得ているお給料です。また、投資の元本を増やすために必要なのは節約だったりします。また、個人的にはぜひ副業もやってほしいと思っています。

つまり、資産を増やすために投資だけを考えるのではなく、これら給料（本業）、副業、節約も合わせた総力戦で臨んでほしいのです。

2024年は新NISAがはじまり、不動産クラファンなどの新サービスも徐々に台頭してきました。このような潮流があるなかで、常に最新の情報を得ながら、情報をアップデートさせてほしいと思っています。

そんな願いを込めて、この本には現時点での最新の情報を目いっぱい詰め込みました。

2025年以降には増税がはじまるという話も耳にします。そうなってくると、より一層資金を増やしにくい状態になるかもしれません。その前に、今から少しでも資産形成をしっかりとしていきましょう。

冒頭にもお話ししましたが、お金を増やすことは決して、誰もができない難しいことというわけではありません。

ぜひこの本を最大限に活用してください。

皆さんのお役に立てたなら、こんなにうれしいことはありません。

ぽんちよ

ぽんちよ

投資系YouTuber。「将来のお金」に対する不安を抱くなか、資産運用を始める。また、「初心者にとって投資を始めるハードルが高い」という自身の経験をもとに、YouTubeで「投資初心者の背中を押す」というコンセプトに動画配信を開始。会社員として働きながら400本近くの動画を作成し、チャンネル登録者は44万人を越え、2022年3月に早期退職。現在は動画配信・執筆のほか、セミナー講師なども行う。
著書に『人生に必要な老後資金の常識』（マイナビ出版）、『年収350万の会社員でも堅実にできる投資術 2倍株をつかめ！　儲かる株のトリセツ』（宝島社）、『めざせFIRE！—知識ゼロから経済的自由を勝ちとる』（主婦の友社）などがある。

ぽんちよ式 新時代《しんじだい》の最強《さいきょう》のお金《かね》の増《ふ》やし方《かた》

新《しん》NISAから不動産《ふどうさん》クラファンまで

2024年7月5日　初版発行

著　者　ぽ　ん　ち　よ
発行者　和　田　智　明
発行所　株式会社　ぱ る 出 版

〒160-0011　東京都新宿区若葉1-9-16
03(3353)2835—代表
03(3353)2826—FAX
印刷・製本　中央精版印刷(株)
本書籍に関するお問い合わせ、ご連絡は下記にて承ります。
https://www.pal-pub.jp/contact

ISBN978-4-8272-1447-5 C0034